Rokoko Geschichten

Olaf Kappelt (Hg.)

Rokoko Geschichten

Sieben Erzählungen aus alter Zeit

Jokers

Impressum

Covergestaltung und Satz: Atelier Lehmacher, Friedberg, www.lehmacher.de
Covermotiv: Wikimedia (gemeinfrei)
Gesetzt aus der Officina Serif
Gesamtherstellung: CPI – Clausen & Bosse, Leck
Printed in the EU
ISBN 978-3-86800-384-0

Inhalt

Anna Bachmaier:
Die Modistin 7

Rita Hausen:
Mozarts galante Entführung 31

Olaf Kappelt:
Friedrich – der König des Rokokos und der Heilige Vater Benedikt 41

Isabell Pfeiffer:
Der Mohr und die Gärtnerin 52

Nicole Rensmann:
Fragonard – ein Maler auf der Suche nach der Zufriedenheit 60

Tanja Schurkus:
Das himmlische Duftwasser 70

Sabine Wassermann:
Der Kastrat und die Tänzerin 84

Die Autoren 94

Anna Bachmaier

Die Modistin

Sie verkörperte die Modeerscheinungen dieser Epoche. Fast noch ein Kind, wurde sie 1770 mit dem französischen König Ludwig XVI. verheiratet und sie gilt bis heute als Königin des sterbenden Rokoko. Um als Modegöttin einer ganzen Nation aufzusteigen, reichte ihre liebliche Anmut und Zierlichkeit nicht aus, auch wenn sie alle Anforderungen der damaligen Zeit erfüllte. Sie sicherte sich die Unterstützung einer riesigen Dienerschaft von Schneiderinnen, Näherinnen, Friseusen, Juwelieren und Webern, die es nicht anders kannten, als Tag und Nacht bereit zu stehen, um die Wünsche ihrer Herrin zu erfüllen.

Etwas anders verhielt es sich mit ihrer Modistin, Mlle Berbier. Sie verstand es, sich eine Sonderstellung zu verschaffen, um die sie natürlich von allen Seiten beneidet wurde, denn so etwas bleibt ja nie lange unbemerkt. Sie scherte sich jedoch keinen Deut darum, denn auf Freundschaften mit der übrigen Dienerschaft legte sie überhaupt keinen Wert. Ihre Freunde bewegten sich in anderen Kreisen.

Die Räume ihres Hauses in Paris dienten nicht nur als Hutsalon und Modeatelier, sondern es gab neben den Privatgemächern auch einen Spielsalon. Die Pracht dieses Raumes würde jedem Königsschloss zur Ehre gereichen. Da für sie das Glück die Farbe des Goldes trug, wurde dieser Raum auch der Goldsalon genannt. Dort versammelten sich die vornehmen Bürger und Adeligen der Stadt zum spielen, tanzen und um sich zu unterhalten. Alle Nachrichten der Welt trafen dort ein.

Trotz ihrer Jugend bemerkte sie bald, dass sich alle Anwesenden immer um sie scharten. Egal, was sie von sich gab, sie fanden es

geistreich. Irgendwann entschloss sie sich, diese Macht zu nutzen. In Paris boomte das Geschäft mit mehr oder weniger spirituellen Medien. Was die konnten, beherrschte sie auch. In ihrem Zirkel befanden sich ein paar Männer, die Geheimbünden angehörten und mehr wussten als alle anderen.
Aber die Königin durfte davon nichts erfahren, denn das Geschäft von Mlle Berbier profitierte enorm von der Tatsache, dass sie zu ihren Kunden zählte. Allerdings wäre es ihr nicht im Traum eingefallen, dafür dankbar zu sein, denn wie sie ihrer besten Freundin Mlle Caspar immer wieder sagte: »Die Königin beteuert doch öfters, wie froh sie ist, dass sie mich hat. Ich bin die beste Modistin Frankreichs. Ohne meinen guten Geschmack, meine Ideen und meine Phantasie gäbe es diese Prachtentfaltung nicht.«
Mlle Caspar, eher ein pragmatischer Mensch gab ihr darauf immer dieselbe Antwort: »Ich glaube, dass es besser wäre, wenn die Königin nicht an einem Tag mehr Geld für ihre Putzsucht und Prachtentfaltung verschwenden würde, als die ganze Stadt Paris für Essen zur Verfügung hat. Das wird nochmal schlimm enden.«
Aber Mlle Berbier wischte diese Einwände einfach mit einer lässigen Handbewegung beiseite: »Du bist eine Schwarzseherin. Was soll denn schon passieren? Die Königin ist die Königin und das Volk liebt sie, gerade weil sie so wunderschön herausgeputzt ist. Und es freut mich, dass ich dazu meinen Beitrag leisten kann.« Damit endete stets die Diskussion und die beiden jungen Frauen kehrten zu ihren Arbeiten zurück. Mlle Berbier zu ihren Entwürfen und Mlle Caspar zu ihrer Näharbeit an einem Hut.
In gewisser Weise verhielten sich die Königin und Mlle Berbier in bestimmten Angelegenheiten ähnlich. Sie befassten sich nur mit den positiven Nachrichten, die negativen überhörten sie einfach. Hauptsache, ihr persönliches Umfeld stand mit ihren Wünschen und Bedürfnissen im Einklang. Niemand durfte ihre Kreise stören.

Zu den besonderen Privilegien der Mlle Berbier gehörte es, dass sie in der Hauptstadt wohnen durfte, denn alle anderen Angestellten der Königin mussten in Reichweite sein, also in Versailles leben. Sie durfte in Paris ihren riesigen Salon betreiben, der es zwar bei weitem nicht an Größe mit einem Schloss aufzunehmen vermochte, aber ganz bestimmt an Schönheit und Eleganz, davon war Mlle Berbier überzeugt. Handbemalte Seidentapeten, kostbar verzierte Möbel, schwere Brokatvorhänge und die Gemälde alter Meister vermittelten einen Eindruck von Reichtum und erlesenem Geschmack. Gleichzeitig strahlten ihre Räume eine Gediegenheit aus, als ob es sich um den gewachsenen Reichtum einiger Generationen handelte, so dass absolut niemand auf die Idee kam, Mlle Berbier könnte nicht von einer edlen Familie abstammen.

Natürlich hütete sie sich, über ihre Vergangenheit zu sprechen, aus Angst, dass ihr in einem Anfall von Mitteilungseifer eine Andeutung der Wahrheit über die Lippen rutschte. Denn eine Modistin und enge Vertraute der Königin von Frankreich konnte niemals aus einem Schweinestall in der tiefsten Provinz stammen. Nur mit Schaudern dachte sie an ihre Kindheit zurück. An den ärmlichen Hof mit dem undichten Dach und den Rissen in den schmutzigen Wänden. Immer war es kalt, auch im Sommer, und alles war feucht und bildete die ideale Grundlage für den Schimmelpilz, dessen modriger Geruch sie heute noch manchmal in der Nacht wie aus einem Alptraum aufschrecken ließ. Niemand würde ihr heute glauben, dass für sie als Kind ein Schweinestall als Zufluchtsort und zum Aufwärmen diente. Eine Mutter kannte sie nicht, nur einen mürrischen Vater, der mit dem Alkoholteufel tanzte. Eines Tages, als er wieder mit der Schnapsflasche in der Hand den Vollmond anheulte und sie zehn Jahre alt war, lief sie einfach weg, barfuß und in Lumpen. Sie lief und lief und lief. Sie wusste nicht, woher sie kam, und sie wusste nicht, wohin es ging, sie wusste nur, dass es etwas geben musste, was man ein Leben nennt, das sie bis jetzt nicht hatte, aber unbedingt haben wollte.

Die Bronzeglocke an der Ladentüre bimmelte und unterbrach die Wanderung der Gedanken von Mlle Berbier in ihre unrühmliche Vergangenheit. Eine elegante Dame, ganz stilvoll in der Mode der Zeit gekleidet, erschien im Laden. Madame Laurentin, eine Hutmacherin aus der Provinz, die zu den besten Kunden des Salons Berbier gehörte. Sie belieferte die Damen des Landadels und reiche Kaufmannsgattinen und auch für sie bestand kein Grund über schlechte Geschäfte zu jammern. Sie verhielt sich bescheiden, denn nur so erreichte sie es, dass ihr Mlle Berbier ihre Modelle zum Freundschaftspreis überließ, was ihr dann ermöglichte, eine hohe Gewinnspanne zu erzielen. Hüte zu kaufen, empfand sie als angenehmer, als sie selbst herzustellen, obwohl sie diesen Beruf beherrschte. Ihre Stimme klang fast unterwürfig: »Guten Tag Mlle Berbier, bitte zeigen sie mir ihre schönsten Modelle. Meine Kundinnen warten schon sehnsüchtig auf die neueste Mode aus Paris.«
Mlle Berbier, die schon beim ersten Klingelton ihre Zeichnungen in einer Schublade verschwinden ließ und sich elegant auf ihrer mit purpurrotem Samt bezogenen Chaiselongue räkelte, ganz wie es sich für eine Dame von Rang geziemte, besonders wenn sie sich allen anwesenden Personen überlegen fühlte, antwortete mit einem gelangweilten Ton: »Das ist nicht möglich, Madame Laurentin. Ich kann Ihnen nur die Modelle des vergangenen Monats zeigen.«
Sie wollte eigentlich weitersprechen, aber die Dame bekam sofort einen roten Kopf und ihre unterwürfige Stellung verwandelte sich schlagartig in eine Angriffsposition: »Das will ich nicht, ich bin hier, um die neuesten Kreationen zu kaufen. Schließlich bin ich eine gute Kundin und sie bekommen immer sofort Ihr Geld, ohne dass ich um den Preis feilsche. Sie können mich doch nicht wie eine dumme Gans behandeln.«
Mlle Berbier schien nicht erschüttert zu sein. Gelassen erklärte sie der aufgebrachten Dame, dass es sich hier nicht um ihre Entschei-

dung handelte: »Ich erfülle einen Auftrag der Königin. Wie sie wissen, trägt sie nur meine Modelle. Sie hat mir befohlen, dass ich mindestens zwei Wochen warten muss, bevor ich anderen Damen verkaufen kann, was sie gerade trägt. Meine Hände sind gebunden. Einen Befehl der Königin kann ich nicht missachten.«

Trotzdem es sich um ein schlagkräftiges Argument handelte, ließ Madame Laurentin nicht locker, allerdings wurde ihr Ton wieder freundlicher: »Das verstehe ich schon, im gewissen Sinn. Aber ich verkaufe die Hüte in der Provinz. Die Königin sieht diese Damen doch gar nicht. Sie erfährt überhaupt nicht, dass ihre Modelle schon woanders getragen werden. Sie wird meinen Kundinnen nie begegnen. Sie müssen doch verstehen, dass ich nicht mit Hüten zurück kommen kann, die nicht mehr modern sind.«

Mlle Berbier hatte nicht mit diesem Widerspruch gerechnet, aber da sie keine dumme Frau war, erkannte sie, dass Madame Laurentin in gewisser Weise recht hatte. Außerdem käme es ihr nicht ungelegen, die überholten Modelle, die ihr übrig geblieben sind, noch zu einem stolzen Preis loszuwerden. Für die Landpomeranzen waren sie schön und aufwendig genug. Ihre Gedanken arbeiteten emsig. Sie wäre nicht dorthin gekommen, wo sie heute ist, wenn sie nicht gelernt hätte, erst zu denken, dann zu sprechen. Ihre Kundin saß auf dem zierlichen Stuhl aus vergoldetem Holz mit ebenfalls purpurrotem Polster, der für diesen Zweck im Hutsalon stand, und wartete geduldig auf die Antwort dieser Frau, die es ihrem Können verdankte, so überheblich sein zu dürfen. Mlle Berbier hatte ihre komfortable Position auf der Chaiselongue aufgegeben und wanderte in Salon hin und her, mit der stolzen, selbstsicheren Haltung, die sie in nichts von der Königin unterschied. Plötzlich kam ihr eine zündende Idee: »Madame Laurentin, ich weiß eine Lösung, mit der alle zufrieden sein können.«

Diese nickte nur mit dem Kopf ohne zu sagen, was sie sich dachte, nämlich: »Da bin ich aber neugierig.«

Mlle Berbier setzte nun zu einer Erklärung ihrer tollen Idee an, die sich über eine halbe Stunde hinzog und letztendlich darauf hinaus lief, dass Madame Laurentin alle alten Modelle zum halben Preis mitnehmen soll, und da der Unterschied zu den neuesten Modellen gar nicht so groß ist, wird sie ihr zeigen, wie sie diese mit ein paar Hilfsmitteln aufpeppen kann, so dass überhaupt kein Unterschied mehr besteht. Hier ein paar Schleifen, dort ein paar Federn und vielleicht hier ein paar Vögel und dort ein paar Juwelen. Auch Spitzen und Blumen aus Seide wirken Wunder.

Madame Laurentin, auch eine gute Geschäftsfrau, die eins und eins zusammenzählen konnte und die auch genügend Phantasie besaß, um den Ausführungen zu folgen, befand sich nun in der Lage nachdenken zu müssen. Übers Ohr gehauen ist man schneller, als man denkt. Aber sie erkannte keinen Pferdefuß und so einigten sie sich nach kurzer Zeit.

Mlle Caspar, die genau zuhörte, ohne ihre Arbeit zu unterbrechen, musste sich nun um alles kümmern, nach den genauen Anweisungen ihrer Freundin, die gleichzeitig ihre Arbeitgeberin war. Und so verließ eine zufriedene Kundin den Salon und ließ eine ebenso zufriedene Modistin zurück.

Mlle Caspar schüttelte lächelnd den Kopf und sagte nicht ohne Bewunderung: »Ich weiß nicht, wie du das immer machst? Du kriegst immer was du willst und die Leute in deiner Umgebung freuen sich auch noch, dass sie es dir geben durften. Mir ist eben klar geworden, dass du deinen Erfolg nicht nur deinem Können verdankst, sondern auch deinem speziellen Gefühl für den Umgang mit Menschen.«

Mlle Berbier dachte sich, wenn du nur wüsstest, durch welch harte Schule ich gegangen bin, um die Kunst des erfolgreichen Lebens zu lernen. Laut sagte sie: »Dieses Geschick verdanke ich einem strengen Lehrmeister. Er ist Diplomat des Königs und befindet sich zurzeit am russischen Zarenhof. Ich erwarte aber bald seine Rückkehr.«

Freude und Stolz und auch eine gewisse Sehnsucht ließ ihre Stimme ganz weich klingen und Mlle Caspar dachte sich, obwohl wir gute Freundinnen sind und schon so lange zusammen arbeiten, weiß ich nichts von ihr. Während sie wieder zu ihrer Arbeit zurückkehrte, überlegte sie, ob sie ihre Neugierde befriedigen durfte, indem sie mehr Fragen nach diesem geheimnisvollen Lehrer stellte.
Aber auch die Chefin ging an ihren Zeichentisch zurück. Die Arbeit ging ihr nicht recht von der Hand, denn offensichtlich weilte sie mit ihren Gedanken ganz woanders. Und plötzlich sagte sie mit einem versonnenen Blick aus dem Fenster: »Weißt du, was mein Lehrer mir vorgeschlagen hat?«
Natürlich wusste ihre Freundin das nicht, aber bevor sie es verneinen konnte, erklang erneut diese verträumte Stimme: »Als er mein Talent erkannte, wollte er, dass ich auch Diplomat werde. Natürlich ist das eine Männerdomäne und den Frauen nicht erlaubt. Also hat er gesagt, dass ich mich als Mann verkleiden soll. Das wäre doch ein Spaß! Die ganze Welt an der Nase herumzuführen und gleichzeitig zu beweisen, dass Frauen letztendlich die besseren Diplomaten sind. Er hat mir sogar zugetraut, dem Image Frankreichs in der Welt noch mehr Glanz zu verleihen.«
Mlle Caspar kicherte, als sie sich ihre Freundin in Männerkleidern vorstellte, denn sie verkörperte den Inbegriff des Weiblichen mit ihren molligen Kurven, der zarten Haut und vor allen mit den strahlenden Augen und dem sinnlichen Mund. Kein Mann besaß solche Attribute. Wo hätte sie nur ihre wunderschönen, vollen Brüste versteckt?
Sie kam wieder nicht dazu, ihre Gedanken in Worte umzusetzen, denn ihre Freundin sprach weiter: »Es wäre schon interessant gewesen, in fremde Länder zu reisen, an den dortigen Königshöfen für eine Weile zu leben und die französische Kultur und den französischen Lebensstil zu vertreten, aber das alles in der Rolle eines

Mannes zu absolvieren, wäre mir zu anstrengend und zu unnatürlich erschienen. Immer auf der Hut zu sein, dass niemand die Täuschung bemerkt, das wollte ich nicht. Allerdings weiß ich, dass es weibliche Diplomaten gibt, die vom König und der Königin für geheime Missionen eingesetzt werden. Sie üben diesen Beruf nicht offiziell aus und nicht immer. Nur wenn es um spezielle, delikate Aufgaben geht, dann sind sie unterwegs. Aber sie wissen dann oft zu viel und dieses Wissen hat schon so manche von ihnen mit dem Leben bezahlt. Da bin ich dann doch lieber meinem künstlerischen Instinkt gefolgt und Modistin geworden.«

Mlle Caspar freute sich auch über diese Entscheidung, denn so bekam sie diesen wunderschönen Arbeitsplatz, den sie so liebte: »Das hast du gut gemacht und dein Erfolg gibt dir recht.«

Sie lächelten sich zu und arbeiteten zufrieden weiter. Es ist ein unbeschreibliches Gefühl, zu wissen, dass man am richtigen Platz steht und das Richtige tut.

Mlle Berbier arbeitete eng mit den Schneiderinnen der Königin zusammen, denn ihre Hutkreationen mussten zu den Roben passen. Auch die Weber sandten ihr Muster der neuesten Stoffe wegen der Farben, denn oft mussten Bänder und Federn dazu gefärbt werden. Natürlich entstanden die königlichen Kleidungsstücke nur aus Seidenstoffen, wie Satin, Taft, Faille oder Damast. Waren zu Beginn des 18. Jahrhunderts großflächige, florale, blumige Musterungen und Drucke in Mode, so wurden sie im Laufe des Rokokos immer kleiner und dezenter.

Die Königin war nicht besonders groß, etwa 1,65m, schlank und zierlich, mit einer sehr schmalen Taille und sie erkannte mit ihrem angeborenen Sinn für Schönheit, dass sich leichtfließende Stoffe mit zierlichen Mustern am besten dazu eigneten, um alle ihre körperlichen Vorzüge zur Geltung zu bringen.

Die Königin von Frankreich war kein böser Mensch, sondern ein wohlbehütetes Kind, das als österreichische Prinzessin im Paradies aufwuchs und Versailles als ihren Spielplatz betrachtete. Die Bühne ihres Rokokotheaters interessierte sie mehr als die Weltenbühne. Der sagenhafte Luxus, mit dem sie sich umgab und den sie für selbstverständlich hielt, machte sogar sie zeitweise zahlungsunfähig. Aber natürlich bekam sie Kredit und der König tilgte immer geduldig ihre Schulden.

Sie erfüllte das Rokoko mit Leben, sie prägte diese Zeit, die vielleicht ihre Weltfremdheit und ihre Unwissenheit brauchte, um so verspielt und so unbefangen zu sein, wie sie dann in die Geschichte einging.

Sie sah nicht, dass ihr Volk hungerte, die Menschen in Paris und allen anderen Städten und sogar auf dem Land. Wahrscheinlich sagte ihr auch niemand, dass nur der Adel und die Kirchenfürsten satt wurden, weil sie alles besaßen und das Volk auszehrten. Sie verstand nicht, das Schöne mit dem Nützlichen zu verbandeln, wie es durchaus in der fernen Preußen-Residenz Berlin üblich war, weil der alte König sich dort als der erste Diener seines Staates verstand.

Die Haartracht und Kopfmode im Rokoko erfreute sich vieler Varianten. Das Haar wurde gern aufgesteckt getragen, zuweilen gepudert und mit einer verspielten Haube abgeschlossen. Zu festlichen Anlässen ließ man die Haube weg und schmückte das Haar, je nach den finanziellen Möglichkeiten mit Blüten, Bändern und Juwelen. Bei Landausflügen oder Spaziergängen erfreuten sich riesige Hüte größter Beliebtheit, die ebenfalls mit Federn, Blüten und Bändern aufgeputzt waren.

Den Färbern der Seidenfäden gelang gerade die Kreation einer neuen Farbe. Sie nannten diesen Farbton »Puce«. Je nach Einfall des Lichtes schimmerte dieser Stoff in den Farben, Schwarz, Grau, Silber oder Anthrazit, ohne eine dieser Farben zu sein. Als die Königin davon hörte, bestellte sie sofort den Stoff für mehrere

Roben und Mlle Berbier wurde von einem Boten nach Versailles geholt.
Die Königin war ganz aufgeregt und in ihrem eleganten Französisch, das ihr schon als Kind im Schloss ihrer Mutter, Kaiserin Maria Theresia von Österreich, von einem Privatlehrer beigebracht wurde, erklärte sie, was sie sich alles zum Schmuck ihres Haares vorstellte, so dass es zu diesen neuen Kleidern passte.
Mlle Berbier hörte ihr zu, ohne sie zu unterbrechen. Das wäre auch ein Verstoß gegen die Etikette gewesen. Allerdings wuchsen ihrer eigenen Phantasie Flügel und sie sah ganz genau vor ihrem geistigen Auge, wie sie den Kopf der Königin schmücken würde.
In ihrer Vorstellungskraft und manchmals sogar real stand plötzlich die Königin vor ihrer Modistin, erhellte das ganze Zimmer mit ihrem freudestrahlenden Lächeln und fragte fröhlich: »Haben Sie alles verstanden, Mlle Berbier?«
Niemand konnte sich den Charme dieser Frau entziehen, auch die Hutmacherin nicht. Mit einem freundlichen Nicken des Kopfes antwortete sie höflich: »Natürlich, Majestät und ich kann Ihnen versichern, dass mir auch noch einige eigene Ideen zu Ihren ausgezeichneten Vorschlägen eingefallen sind. Sie werden bestimmt nicht enttäuscht sein.«
Die Königin, die sich eigentlich in Gedanken schon wieder mit einem anderen Projekt, ihre Schönheit betreffend, befasste, vertraute dieser Haar- und Hutkünstlerin und sagte: »Also gut, ich vertraue Ihnen. Übermorgen findet ein großer Empfang ausländischer Würdenträger mit ihren Gattinen statt und anschließend ist wie immer ein großer Ball. Ich werde meine neue Puce-Robe tragen und wünsche mir von Ihnen eine Haartracht, die die Welt noch nicht gesehen hat.« Damit verschwand sie mit ihren Hofdamen aus dem Ankleidezimmer, in dem diese Unterredung stattgefunden hatte.
Mlle Berbier fuhr mit ihrer Kutsche in ihren Salon nach Paris zurück. Sofort fertigte sie mehrere Skizzen an, um dem Auftrag der

Königin gerecht zu werden. Mlle Caspar wurde eingeweiht und musste mithelfen.

Die Königin liebte Hochfrisuren zu festlichen Anlässen, je höher, desto schöner. Da die eigenen Haare nicht mehr ausreichten, bastelte die Modistin mit Hilfe ihrer Assistentin ein Drahtgestell, verkleidete es mit künstlichen Haarteilen und denselben silbernen Spitzen, die auch die Robe an den Ärmeln, dem Ausschnitt und am Rocksaum in üppiger Pracht verzierten. Es fehlte noch ein Farbtupfer, um den Gesamtbild den nötigen Pep zu verpassen. Dem Zeitgeist entsprechend, musste es ein Vogel sein, ein knalliger, rotblauer Papagei, mit einem langen Federnschwanz.

So staunten die internationalen Gäste nicht schlecht, als die Königin von Frankreich in einer unglaublich kostbaren Robe, mit dem weitesten Rock, den man je gesehen hat und mit einer fast einen Meter hohen Frisur, über die man sich nur wunderte, dass sie überhaupt hielt, am Arm ihres offensichtlich stolzen Ehemannes in den Saal schwebte. Der Papagei in den Haaren sorgte nicht nur für genügend Gesprächsstoff während des Balles, sondern bewegte die Gemüter in ganz Europa noch wochenlang.

Mlle Berbier wurde daraufhin überschüttet mit Aufträgen, solche Haaraufbauten herzustellen und natürlich durften bunte Vögel und sogar Vogelnester darin nicht fehlen. Sie stellte mehrere Leute ein, um den Anforderungen gerecht zu werden, denn diese Kreationen fanden auch im Ausland Anklang und erforderten eine Menge Arbeit. Wieder einmal verhalf ihr die Königin zu einem Riesengeschäft. Aber sie wusste, dass es nichts gab, was schnelllebiger wäre als die Mode. Was heute noch jeder haben möchte, kann morgen schon wieder in den Schränken vermodern. Auch andere Königshöfe in Europa beeinflussten den Stil der Zeit und von dort kamen Anregungen zu mehr Bescheidenheit, zu schmaleren Röcken und einfacheren Frisuren. Und irgendwann wird sich auch der französische Königshof danach richten. Aber das spielte keine

Rolle, solange ihr die Ideen nicht ausgingen. Sie wird immer zu den besten Modeschöpferinnen gehören. Hüte werden in jeder Stilepoche gebraucht.
Mlle Berbier arbeitete emsig wie eine Biene den ganzen Tag in ihrem Salon. Sie kümmerte sich um alles und vor allem schuf sie am laufenden Band neue Kreationen, die sie meisterhaft zeichnete, um sie dann von ihren Angestellten anfertigen zu lassen.
Sie war so vertieft in ihre Arbeit, dass sie völlig aus den Wolken fiel, als plötzlich der Mann vor ihr stand, den sie mehr liebte als alles andere auf der Welt, mehr als ihren Beruf, mehr als ihren Erfolg, mehr als ihren Reichtum. Um ihn zu schützen, nannte sie nie seinen richtigen Namen, sondern sie nannte ihn einfach nur »Louis«. Diesen Namen trugen unzählige Franzosen stolz, denn es war der Name des Königs.
Sie hörte die Bronzeglocke, reagierte aber nicht, denn es gehörte zu den Aufgaben ihrer kleinen Nymphe Adelaide, die sie zu sich genommen hatte, weil sie als Waisenkind sonst verhungert wäre, die Gäste oder Kunden zu begrüßen.
Aber beim ersten Ton dieser tiefen und doch so samtenen Stimme setzte ihr Herzschlag für einen Moment aus: »Guten Tag mein Kind. Ist deine Herrin da?«
Sie flog in den Salon, ohne auf die neugierigen Gesichter ihrer Angestellten zu achten. Sie flog in seine ausgebreiteten Arme: »Louis, oh Louis.«
Er hob sie lachend hoch: »Na, das nenne ich eine Begrüßung!«
Sie vergaß ihre Arbeit. Die Angestellten wussten, was zu tun war. Sie nahm den Arm ihres Geliebten, der ihr nur zu gerne folgte und zog ihn die zierliche Wendeltreppe hoch, die in ihre Privatgemächer führte. Das Rokoko, ja, es ward das galante Zeitalter genannt und an dieser Stelle schweigt der Kavalier und Mlle natürlich auch.
Ihr Freund Louis hieß eigentlich Jean Baptiste und seine Grafschaft lag im Anjou. Mlle Berbier wusste nicht viel über ihn, obwohl

sie ihre Jugend- und Lehrjahre in der Nähe verbrachte. Sein Leben dort wies keine Gemeinsamkeit mit ihrem Vorleben auf. Sie genoss diese Tage mit ihm. Jede Sekunde mit ihm war ein Geschenk. Die bittere Lehre war von Anfang an, dass er sie nie heiraten würde. Aber verheiratet zu sein, gehörte auch nicht zu ihren Wunschvorstellungen. Sie kümmerte sich um ihr Leben lieber selber, sie brauchte keinen Mann, der sie aushielt oder für sie sorgte. Sie räkelte sich wie eine Katze in seinen starken Armen. Er roch so gut, so männlich und doch so sauber. Das konnte man zu dieser Zeit nicht von jeden Mann behaupten. Viele dachten, dass die Krankheiten vom Waschen oder Baden kommen, deshalb verband man dann mit der Gesundheit eine ganz spezielle Duftnote.
Louis döste zufrieden vor sich hin. Alles, was ein Mann sich wünschen konnte, erfüllte die Frau in seinen Armen. Nicht nur ihre Schönheit und Anmut gefielen ihm, sondern auch ihr fröhliches Wesen, ihre Leidenschaft nicht nur im Bett, sondern auch im Beruf. In diesem Sinne war Mlle ihrer Zeit, dem Rokoko, weit voraus. Schön und dumm, es reichte ihr nicht. Trotzdem stellte sie nie Forderungen an ihn. Was er ihr gab, nahm sie mit einem freudigen Herzen, aber sie gab ihm viel zurück. Gerade als das Bild ihrer ersten Begegnung vor seinem geistigen Auge erschien, wo er sich nicht sicher war, einer halbertränkten Katze oder einem Menschenkind gegenüber zu stehen, drang ihre zärtliche Stimme durch seine Gedanken: »An was denkst du, Liebster?«

Eigentlich fühlte er sich zu müde und zu glücklich um zu sprechen, aber wie immer brachte ihn die Erinnerung an ihre erste Bekanntschaft zum Schmunzeln: »Ich denke gerade darüber nach, wie du mir das erste Mal über den Weg gelaufen bist. Du warst ein kleines, hungriges Tier, dessen Lebenswillen mich sofort faszinierte.«
Mlle Berbiers Herz fing an heftig zu klopfen, wie immer wenn Louis von ihrer Vergangenheit sprach. Die Tiefe der Wunden, die die ers-

ten, schrecklichen zehn Jahre ihres Lebens in ihre Seele schlugen, kannte nicht mal er. Sie antwortete deshalb zurückhaltend: »Erinnere mich nicht daran. Ich möchte meine dunkle Zeit vergessen und du weißt, dass niemand wissen darf, woher ich komme, sonst ist es vorbei mit meinem schönen Geschäft und mit meiner gesellschaftlichen Stellung.«

Louis drückte sie fest an sich und beruhigte sie: »Du musst mir das nicht jedes Mal sagen. Meine Lippen sind versiegelt, als Diplomat fällt mir das nicht schwer. Unsere gemeinsamen Erinnerungen behalte ich als wertvollen Schatz in meinem Herzen, aber du musst es mir gönnen, dass ich stolz bin auf mein Kunstwerk.«

Sie beruhigte sich wieder und ärgerte sich selbst, dass sie immer so aufgeregt reagierte, wenn er von ihrer Vergangenheit sprach. Nun musste sie sogar lachen: »Mit dem Kunstwerk meinst du doch nicht etwa mich?«

Er richtete sich auf, um in ihr Gesicht sehen zu können. Am meisten liebte er ihre smaragdgrünen Augen, die je nach Stimmung unterschiedliche Funken sprühen. Im Augenblick schimmerten sie ganz dunkelgrün, wie ein ruhiger Ozean. Er konnte sich nicht helfen, er liebte sie einfach, deshalb klang seine Stimme ganz besonders samtig: »Aber wen denn sonst? Soweit ich mich erinnere, habe ich nur ein Kunstwerk geschaffen und natürlich das bist du. Ich weiß, dass ich die Lorbeeren nicht alleine verdiene, sondern dass auch Madame Sovenagne, die Modistin meiner Mutter, einen gehörigen Anteil daran hat.«

Mlle Berbier nickte mit dem Kopf. Die gute Madame Sovenagne, mit ihrem Namen verband sie das Wort Mutter. Bei ihr fand sie wahrhaft mütterliche Liebe, Zuneigung, gutes Essen, ein warmes Zuhause und eine Ausbildung, die nicht mit Gold aufzuwiegen war. Voller Dankbarkeit sagte sie: »Es bedeutete für mich das größte Glück, dass du mich zu dieser Frau brachtest, als du mich aus dem Wasser gezogen hast. Wer weiß, was sonst aus mir geworden wäre. Daran

darf ich gar nicht denken. Schade, sehr schade, dass sie schon gestorben ist, sonst könnte ich heute ihre Güte belohnen.«
Eine Weile hingen beide ihren Gedanken nach. Louis über den unglaublichen Werdegang von einem hässlichen Entlein zu einem wunderschönen Schwan und Mlle Berbier voller Dankbarkeit an die Wende zum Guten in ihrem Leben, weil sie das Glück hatte, einem wunderbaren Mann und einer zwar resoluten, aber doch auch gütigen Frau zu begegnen. Die beiden zeigten zwar kein Mitleid mit ihr, wenn es darum ging, der gestrandeten Landpomeranze Manieren beizubringen oder einfach nur das Nähen, aber es geschah zu ihrem Besten und sie beschwerte sich nicht. Die harte Schule hat sich bezahlt gemacht. Und jetzt bestimmte sie selber über ihr Leben.
Plötzlich fiel Louis ein, dass er etwas Wichtiges vergessen hat: »Ich habe dir ein Geschenk aus Russland mitgebracht.« Er stieg aus dem Bett und durchsuchte die Taschen seines Rockes. Es dauerte eine Weile, bis er mit einem kleinen Päckchen zurück kam.
Ungeduldig wartete Mlle Berbier in den Kissen. Sie liebte seine Geschenke und hütete sie wie einen großen Schatz. Meistens handelte es sich um erlesene Schmuckstücke, die -wie sie sich einbildete- sogar die Königin vor Neid erblassen ließen, sollte sie sie jemals zu Gesicht bekommen. Auch dieses Mal blieb ihr der Atem weg, als ihr Geliebter die kleine Samtschatulle öffnete: »Um Himmels Willen, dieser Ring ist wunderbar. Das ist der schönste Ring, den ich je gesehen habe.«
Er nahm das Schmuckstück heraus und steckte ihn an ihren rechten Ringfinger. Er passte, wie für ihre zierlichen Finger gemacht. Ein schwerer Goldreif mit einem tropfenförmig geschliffenen Smaragd, dessen strahlendes, grünes Feuer um die Wette mit ihren Augen glitzerte. Fast wirkte er durch die Größe eines Wachteleis zu schwer an ihrer feinknochigen Hand. Doch die Tropfenform linderte den Eindruck der Schwere.

Sie fiel ihn um den Hals und bedankte sich mit tausend kleinen Küssen, so dass er fast erstickte. Er spürte ihre Freude und es wärmte sein Herz. Dieser Ring kostete mehr als einen Monatslohn, auch eines Diplomaten. Aber als er ihn sah, erinnerte dieser Ring ihn so stark an das Feuer der schönsten Augen, die er je gesehen hat, und so musste er ihn für sie kaufen. Er bereute es nicht, besonders nicht, als ihre Dankbarkeit spürbare Formen annahm ... Erst zwei Nächte und einen Tag später erschienen die zwei wieder auf der Bildfläche. Louis fuhr ab, in sein Schloss ins Anjou und Mlle Berbier nahm ihre Arbeit im Salon wieder auf. Fragen stellte niemand, nicht einmal ihre Freundin Mlle Caspar. Das Glück strahlte dermaßen aus ihren Augen, dass sich jegliche Kommentare erübrigten. Doch Mlle Berbiers Gedanken folgten dem Geliebten wie so oft und dabei begegnete sie sich selbst immer wieder auf wundersame Weise.

Nach dem Tod von ihrer Lehrerin Madame Sovenagne brachte Louis die damals noch blutjunge, aber vollausgebildete Modistin nach Paris, kaufte ein Haus auf ihren Namen und richtete es nach ihren Wünschen ein. Er mußte schnell erkennen, sie besaß einen teuren Geschmack. Der Graf sah sich genötigt, einige Ländereien dafür zu verkaufen. Und nur er wusste sehr genau, dass sie nicht aus einer unschuldig verarmten Landadelfamilie stammte, wie sie immer selber gerne erzählte. Er hatte sie höchstpersönlich im Alter von zehn Jahren aus dem Bach gefischt, der an seinem Schloss vorbei floss und in dem sein Jagdaufseher Forellen züchtete. Halbtot lag sie in seinen Armen, abgemagert wie ein Skelett, aber mit blitzenden, damals noch kindlichen Katzenaugen. Er brachte es nicht fertig, dieses Wesen seinem Schicksal zu überlassen. Da fiel ihm Madame Sovenagne ein, die Hutmacherin seiner Mutter, die in einem kleinen Häuschen in der Nähe seines Schlosses wohnte und keine eigene Familie besaß. Sie päppelte die kleine Katze auf und unterrichtete sie in allen Künsten des Nähens. Sie stellte gar fest, sie liebte das Kind, aber durfte nie gemeinsam mit ihr ins Grafenschloss gehen. Aber der junge Graf besuchte sie von Jahr zu Jahr öfters und er erkannte bald, dass hier ein ganz besonderer Mensch heranreifte. Er dachte nicht viel nach und unterrichtete sie in den Künsten der Etikette und der Diplomatie. Eine bessere Schülerin konnte er sich nicht vorstellen. Es machte ihm erstaunlicherweise großen Spaß. Aber auch seine Schülerin wäre nicht durch diese Schule gegangen, die sie als sehr hart empfand, wenn sie die Notwendigkeit für ein erfolgreiches Leben nicht erkannt hätte. Irgendwann stellte sie fest, seine wahre Liebe gehörte ihr und ihre wahre Liebe gehörte ihm und so sollte es für alle Ewigkeit auch bleiben.

Nachdem Mlle Berbier so viel Geld besaß, dass es sogar ihre kühnsten Träume überstieg, fehlte dem Geldverdienen alleine jeder Reiz. Dafür brauchte sie jedenfalls nun keinen Mann. So wandte sie sich der nächsten Stufe zu, der Macht. Die offizielle Macht lag in Frankreich in den Händen des Königshauses und in den Händen der Katholischen Kirche. Natürlich wusste Mlle Berbier, dass ihre Position nicht die Voraussetzung bot, da Macht auszuüben, aber sie bot die Voraussetzung, um Macht über die Menschen auszuüben, die in ihren Salon kamen und zwar gerne und freiwillig. Das reichte ihr vollkommen.
Mlle Berbier fühlte in ihrem tiefsten Herzen auch, dass sie sich auf gefährlichem Terrain befand, aber sie liebte den Nervenkitzel mit den hochherrschaftlichen Kunden zu sehr. Die Tatsache, dass diese Leute, die sich für so klug hielten und die auf Grund ihrer vornehmen Geburt glaubten, ganz etwas Besonderes zu sein, mit Begeisterung an ihren Lippen hingen, erfüllte sie mit Stolz und eben mit einem Gefühl der Macht.
Ab 1789 verschärften sich die Unruhen im Volk. Es gab viele Aufrührer, die die Unzufriedenheit der Bürger ausnutzten, um aus

einem Schwelbrand ein riesiges Feuer zu entfachen. Menschen, die vorgaben hungrig zu sein, konnten schon gefährlich sein. Klar, sie wollten nicht nur zuschauen, wie sich die gehobene Gesellschaft an Tafeln vergnügte. Viele Adelige erkannten die Gefahr und setzten sich mit ihren Familien und ihrem Vermögen ins Ausland ab, meistens nach England, oder in die Kolonien.

Als Louis dieses Mal seine Geliebte in Paris besuchte, wusste sie sofort bei seinem Anblick, dass etwas nicht stimmte. Natürlich hörte auch sie die schlechten Nachrichten von den Unruhen, aber ebenso wie die Königin hörte sie nicht genau hin. Sie wollte das alles einfach nicht wahrhaben.

Louis umarmte sie wie immer zur Begrüßung, als sie sich aber enger an ihn presste, schob er sie sanft aber bestimmt weg. Das hatte er noch nie getan. Ziemlich beunruhigt fragte sie: »Was ist los, du bist so ernst?«

Er drückte sie auf ihre Chaiselongue und setzte sich neben sie. Es fiel ihm sichtlich schwer, sie zu unterrichten, wie er es aber für lebensnotwendig hielt: »Hör mir bitte zu, denn was ich dir zu sagen habe, ist auch sehr wichtig. Es geht im wahrsten Sinne des Wortes um Leben und Tod, auch wenn ich weiß, dass du das nicht wahrhaben willst.«

Mlle Berbier wurde es ganz Angst und Bange. Sie spürte förmlich die Gefahr, die plötzlich in allen Ecken zu lauern schien. Fast atemlos hauchte sie: »Was meinst du denn damit?«

Er nahm sie in seine Arme und erzählte ihr seine Pläne: »Der König schickt mich nach Schweden, an den schwedischen Königshof. Ich gehe gerne, denn hier in Frankreich sind die adeligen Familien nicht mehr sicher. Dieses Mal nehme ich meine Frau, meine Kinder und alle Verwandten mit, die mitkommen wollen. Von meinem Besitz habe ich alles versilbert, was möglich war, das Geld ist schon in Schweden. Ich möchte, dass auch du alles auflöst, solange es noch

Zeit ist und mitkommst, denn ich werde nie wieder nach Frankreich zurück kehren.«

Mlle Berbier schaute sich in ihrem Salon und ihrem Atelier um. Dieses wunderschöne Geschäft sollte sie aufgeben, die Schätze, die sie gesammelt hat und die ihr so viel bedeuten, einfach verscherbeln, um dann in ein so bitter kaltes Land wie Schweden zu ziehen? Niemals, lieber würde sie sterben. Sie stand auf und blickte ihrem Liebsten in die Augen. Seine unendliche Traurigkeit übertrug sich auf sie und ihr Herz wurde unsagbar schwer, aber trotzdem würde sie ihm nicht folgen: »Ich kann nicht mit dir gehen. Ich will nicht weg von Paris und der Königin. Und als was soll ich mitkommen, als die Modistin deiner Frau? Der Gedanke, dich nicht mehr zu sehen, bricht mir das Herz, aber mein Lebenswerk zu verlassen ist genauso schlimm. Abgesehen davon bin ich gar nicht adelig wie du, was soll mir da schon passieren.«

Louis ahnte ihre Antwort schon bevor er kam, aber trotzdem schnitten ihre Worte in sein Herz. Sein Entschluss stand fest, seine Vorkehrungen waren getroffen. Es blieb ihm nichts anderes übrig, als sie ihrem Schicksal zu überlassen und zu hoffen, dass der Kelch an ihr vorüberging. Laut sagte er: »Danach fragt der Mob nicht, wenn er losgelassen wird. Sie sehen nur deinen Reichtum und sie wissen um deine Verbindung zur Königin und das wird reichen, um auch dich zu bestrafen dafür, dass du nicht so arm bist wie sie.«

Mlle Berbier glaubte nicht daran, dass es so schlimm kommen wird. Es ist immerhin im Bereich des Möglichen, dass sich das Volk wieder beruhigt. Niemand würde es wagen, die königliche Familie anzugreifen. Sie setzte sich auf seinen Schoß und streichelte sein geliebtes Gesicht: »Du musst tun, was du zu tun erkannt hast und ich gleichsam. Unsere Liebe wird bleiben und alle Zeiten überdauern, auch wenn wir getrennt sind. Als sie einnickte, zog sich der Graf leise an und mit einem letzten Blick auf ihre liebliche Gestalt, der ihm fast das Herz brach, verließ er das Zimmer und das Haus. Er wollte keine Abschiedsszene, keine Abschiedsworte und keine Tränen. Er verließ diesen Ort, an dem er so glücklich war, ganz schnell. Es sah aus wie eine Flucht.

Mlle Berbier schlief nicht. Sie täuschte den Schlaf nur vor, um ihm die Möglichkeit zu geben, ohne Abschied zu gehen, denn das geschah ganz in ihrem Sinn. Eine Abschiedsszene hätte sie nicht ertragen. So ging er, was zumindest die Illusion erlaubte, an eine Wiederkehr zu glauben.

Obwohl die Geschäfte der Mlle Berbier in ihrem Hutsalon weitergingen, fand eine merkwürdige Veränderung statt. Wie eine schleichende Seuche vergiftete sich die ganze Atmosphäre in Paris und ganz Frankreich. Von den Kundinnen, die plötzlich ausblieben, hieß es dann, dass sie das Land verlassen haben. Als die Modistin dann zusehen musste, wie sich der Pöbel immer mehr zusammenrottete, wie die Gewalttaten auf den Straßen zunahmen, wie die Kutschen der Adeligen und Kirchenfürsten überfallen wurden, wie die Schaufenster der schönen Geschäfte zerschlagen und die Waren gestohlen wurden, dann glaubte sie auch nicht mehr an eine friedliche Lösung des Konflikts. Sie sah tagtäglich die Angst ihrer Angestellten und entließ sie alle. Nur Mlle Caspar und Adelaide, die keine Angehörigen hatten, behielt sie im Haus, das ihr auch nicht mehr als der sichere Hafen erschien, der es bis jetzt war. Schweren Herzens packten sie alles zusammen, was sie tragen konnten und verließen bei Nacht und Nebel die Hauptstadt. »Wir gehen zur Königin, nach Versailles. Der Mob wird sich hüten, dort aufzukreuzen.«

Für Mlle Berbier stand immer eine Suite bereit im Königsschloss. Sie hat dort schon früher mal übernachtet, wenn die Königin für bestimmte, ganz wichtige Anlässe auf die Dienste ihrer besten Modistin nicht verzichten wollte.

Sie hatten Glück, dass trotz der nächtlichen Stunde ein Stallbursche zur Verfügung stand. Etwas schlaftrunken, spannte er die

Pferde aus und brachte sie in den Stall zu den anderen, und die Kutsche schob er unter ein Vordach. Er half ihnen auch noch, das nicht unerhebliche Gepäck in ihre Unterkunft zu bringen. Es dauerte eine Weile, bis alles an seinem Platz war und die drei Frauen, erschöpft, aber auch ungeheuer erleichtert, in ihre königlichen Betten fielen und endlich einschlafen durften.

Am nächsten Vormittag beim Frühstück, machte Mlle Berbier der Königin ihre Aufwartung, denn sie hielt sich zum ersten Mal im Schloss auf, ohne der ausdrücklichen Aufforderung der Königin gefolgt zu sein. Aber Marie Antoinette freute sich, sie zu sehen und lud sie mit ihrer Begleitung freundlich ein, am Frühstück teilzunehmen: »Mlle Berbier, ich freue mich, sie zu sehen. Bitte essen sie mit uns. Allerdings sieht es im Augenblick leider nicht so aus, als ob ich ihre Dienste bräuchte.«

Mlle Berbier nickte ihr dankend zu. Am Tisch saßen mehrere Hofdamen. Sie setzten sich auf die freien Plätze. Es wurde nicht viel gegessen und nicht so viel geschwatzt wie Jahre zuvor. Alles geschah wie hinter einem grauen Schleier. Die Königin sah blass aus und sie trug ein einfaches Kleid. Auch ihr Haar war nicht frisiert, sondern nur zusammengerafft unter eine Spitzenhaube gesteckt. Nicht wie sonst hörte man ihr fröhliches Lachen.

Jeder weiß, was dann geschah. Die aufgebrachten Bürger stürmten zuerst die Bastille und dann Versailles. Kein Adeliger, egal ob Mann, Frau oder Kind, kein Angestellter der Katholischen Kirche, war seines Lebens sicher. Eine Flucht der Königsfamilie misslang. Leider – und Marie Antoinette starb 1793 unter der Guillotine. Ja, aufrecht und stark, mit der Haltung einer Königin.

Aber nicht nur die Königin, auch alle Angestellten wurden fortwährend bedroht und in den Kerker geworfen. Darunter auch Mlle Berbier, Mlle Caspar und Adelaide. Mlle Caspar und Adelaide wein-

ten ununterbrochen vor lauter Angst, aber Mlle Berbier dachte nur lakonisch: »Schlimmer als meine Kindheit war, kann es im Gefängnis auch nicht sein.«
Sie ärgerte sich über ihre Dummheit geglaubt zu haben, Versailles wäre sicher. Wenn sie zugehört hätte, was ihr Liebhaber sagte, wenn sie nicht so sehr von ihrer eigenen Welt geblendet gewesen wäre, dann hätte sie erkennen müssen, was kam. Sie flüchteten in die Höhle des Löwen, der seinen Jägern zum Opfer fiel und mit ihm alle, die zu seinem Rudel gehörten.
Wie tief man doch fallen kann! Für alle, die sich im Glanz der königlichen Sonne wärmten, zog ein fürchterliches Gewitter auf und sie fanden sich wieder im Schatten alter Gemäuer, in Dreck und Unrat, wo die Strahlen der Sonne nicht mehr durchzudringen vermochten. Jeden Tag in der Frühe erschienen die Handlanger von Robespierre, der die Regierungsgeschäfte führte, und lasen Namen vor. Diese Leute wurden auf Holzkarren getrieben und unter dem Gejohle der Bürger zum Richtplatz gefahren. Die Guillotine stand nicht still. Tausende ließen ihr Leben auf dem Schafott. Das Blut rann in Strömen auf die Straße und die Köpfe rollten.
Immer wenn am Morgen der Soldat mit der Liste erschien, zitterten alle Gefangenen aus Angst, dass dieser Tag der letzte Tag in ihrem Leben sein wird und für viele war es dann tatsächlich auch so. Mlle Berbier fühlte keine Angst. Sie wartete darauf, ihren Namen zu hören, denn sie wusste, dass das herrliche Leben, das sie über viele Jahre in Paris führte, nie wiederkehren wird.
Als sie und ihre beiden Begleiterinnen schon dachten, vergessen worden zu sein, erschienen an einem Nachmittag, ganz außerplanmäßig, zwei Soldaten. Irgendwie wirkten sie fehl am Platz und nicht so plump wie die anderen. Einer zog eine Liste heraus und schrie ziemlich barsch: »Mlle Berbier, Mlle Caspar, Adelaide Berbier, mitkommen!« Sie hörten sofort an der Stimme, dass es sich um alte Bekannte aus Mlles exklusivem Laden handelte. Ihr Le-

bensfunke erwachte erneut, sie hofften auf wundersame Rettung. Sie beeilten sich der Aufforderung nachzukommen. Kurze Zeit später lagen sie schweratmend und gegen den Niesreiz kämpfend unter einem Fuder Heu und wurden von zwei Soldaten aus der Stadt kutschiert. Die Fahrt erschien ihnen endlos. Wo es hinging, wussten sie nicht. Aber die Hoffnung auf Freiheit winkte und das Gerüttle und Gepoltere klang wie Musik in ihren Ohren.

Irgendwann, die Zeit spielte keine Rolle mehr, hielt der Karren an. Halbtot krochen die drei Frauen aus dem Heu. Die beiden Männer stützten sie und halfen ihnen, ein Landhaus zu betreten.

Erst jetzt bemerkten sie, dass es ganz früh am Morgen sein musste, denn die Sonne schickte ihre ersten Strahlen über den östlichen Himmel. Das bedeutete, dass sie nicht nur den Rest des gestrigen Tages gefahren sind, sondern die ganze Nacht hindurch.

Von außen wirkte das Haus düster, doch innen strahlte es eine einladende Behaglichkeit aus. Sie betraten einen großen Wohnraum mit einem offenen Kamin, in dem ein wärmendes Feuer brannte und setzten sich auf eine gepolsterte Bank, die um einen runden, großen Tisch führte. Die Erschöpfung schwand etwas, als sie erkannten, dass sie tatsächlich der tödlichen Gefahr einer Hinrichtung entronnen sind. Die beiden Männer zogen ihre gestohlenen Uniformen aus und holten eine ältere Frau, die sie Agnes nannten und die für alle Frühstück brachte.

Mlle Berbier erholte sich als erste und fragte die beiden Männer: »Wo sind wir hier? Warum habt ihr uns gerettet?«

Der alte Bekannte aus besseren Zeiten antwortete lächelnd: »Wir sind in der Normandie. Das ist eine dünnbesiedelte Provinz. Hierher ist die Revolution noch nicht gekommen. Dieses Haus gehört uns, aber wir haben nur sehr selten hier gewohnt. Jetzt ist es ein sicherer Unterschlupf geworden. Wir haben euch gerettet, weil Louis uns aufgetragen hat, dich zu beschützen und wir haben es gerne getan, es war fast ein aufregendes Abenteuer.«

Trotz ihrer Errettung verlor Mlle Berbier ihre Freude am Leben. Ihr und ihren Begleiterinnen fehlte es an nichts. Aber sie sah keinen Sinn darin, nutzlos in den Tag hinein zu leben. Nie wieder würde es in Frankreich eine strahlende Königin wie Marie Antoinette geben. Ihr grausamer und unschuldiger Tod lag schwer auf ihrem Herzen. Niemand mehr wagte es, die herrlichen Hutkreationen zu tragen, die die Damenwelt der vergangenen Jahrzehnte glücklich machten. Und sie, die Modistin der Königin, würde niemals so tief sinken und diese schrecklichen Jakobinermützen nähen, die nun die sogenannten Bürger und Bürgerinnen trugen.
Traurig musste sie mit ansehen, wie die wunderbare Zeit des Rokoko, die Leichtigkeit, die Fröhlichkeit und die Schönheit durch die Französische Revolution ihr fürchterliches Ende fand. Das Ende des Rokoko bedeutete auch das Ende der Modistin der Königin.

Rita Hausen

Mozarts galante Entführung

Mit Bewunderung betrachtete der Arzt Franz Anton Mesmer die schnellen Finger des Knaben, die über die Tastatur des Spinetts huschten und eine bezaubernde Musik erklingen ließen. Ihm entging nicht, dass Wolfgang auffallend blass war und rote Flecken im Gesicht hatte. Vermutlich war er noch nicht lange von den Blattern genesen, die in Wien gewütet und selbst die kaiserliche Familie nicht verschont hatten. Durch das offene Fenster, das einen Blick in den weitläufigen Garten gewährte, wehte ein lauer Frühlingswind und das Gezwitscher der Vögel mischte sich in die Klänge des Instrumentes. Als Zuhörer waren die Eltern des Knaben, seine Schwester, einige Freunde des Gastgebers und dessen Frau anwesend. Mesmer hatte vor kurzem die reiche Witwe Anna Maria Bosch geheiratet und war dadurch zu Vermögen und Besitz gelangt, zu dem auch dieses Palais gehörte. Nachdem auch die Schwester Nannerl ihr großes Können am Spinett gezeigt hatte, begab sich die Gesellschaft nach draußen und die Kinder stürmten davon.
Der Garten war durch hohe Mauern abgeschlossen und gliederte sich in rechteckige Abschnitte, die netzartig von einem Wege- und Achsensystem verbunden waren. Es gab vielfältige Blickachsen und Querverbindungen, die den Garten noch größer erscheinen ließen als er war. In versteckten Nischen überraschten allerlei Skulpturen – heitere Götter, verspielte Tänzerinnen und Girlanden tragende Putten. Angrenzend gab es einen offensichtlich englisch beeinflussten Teil des Gartens mit natürlich wirkenden Bäumen und Sträuchern und sich windenden Wegen. Leopold Mozart und Mesmer hatten sich von den übrigen abgesondert und waren in ein ernstes Gespräch vertieft. Sie erreichten einen Pavillon und ließen

sich dort auf einer Steinbank nieder. Leopold berichtete stolz, dass sein Sohn vom Kaiser den Auftrag erhalten habe, eine Oper zu schreiben.
Wolfgang und Nannerl waren durch ein Törchen aus dem Garten entwichen und schlossen sich Kindern an, die Ringelstechen spielten. Dabei musste man mit einer langen Stange im Laufen einen kleinen Ring treffen, der von einem Baum herunterhing. Wolfgang lief mit der Stange los und zielte auf den Ring. Der erste Versuch misslang, aber er hatte ja noch zwei. So ging es zunächst reihum. Dann verbündeten die Kinder sich gegeneinander, bildeten Mannschaften und feuerten ihre Mitspieler an. Das Geschrei lockte nun auch die Erwachsenen an, die sich teils beteiligten, teils zuschauten.
Als die Mozarts aufbrechen wollten, merkten sie plötzlich, dass Wolfgang verschwunden war. Auch Nannerl wusste nicht, wo er geblieben war. Man begann die Umgebung und den Garten der Messmers abzusuchen. Die Bediensteten durchsuchten jeden Winkel des Hauses und Gartens. Vergeblich. Es wurde bereits dunkel und Frau Mozart rang verzweifelt die Hände und begann zu weinen. Leopold, Franz Anton und zwei Bedienstete machten sich erneut mit Fackeln und Laternen auf die Suche. Sie fragten jeden Passanten, ob er einen zwölfjährigen Jungen gesehen habe. Doch ohne die geringste Spur kamen sie ins Palais zurück.

Guiseppe Affligio, Direktor des kaiserlichen Hoftheaters, blies die Backen auf und ließ langsam die Luft entweichen. Das hatte ihm gerade noch gefehlt! Ein zwölfjähriger Opernkomponist. Aber was wollte er machen? Schließlich kam der Auftrag vom Kaiser höchstpersönlich, na ja, eigentlich war dieser bloß Mitregent seiner Mutter, ein Kronprinz mit Kaisertitel. Trotzdem, er konnte sich nicht einfach darüber hinwegsetzen. Was war zu tun? Es gab schon Aufruhr unter den Sängern, nachdem der Kleine die ersten Arien von

»La Finta Semplice« vorgelegt hatte. Der Darsteller des Hauptmann Fracasso hatte sich bei ihm beschwert: »Sollen wir uns als erwachsene Leute von einem Kind herumkommandieren lassen? Außerdem ist so ein Junge mit dem Thema überfordert. Woher will er etwas über Liebesdinge wissen?«
Nun ja, Affligio musste ihm Recht geben. Hinter der ganzen Sache steckte der ehrgeizige Vater, der seinen Sohn als Wunderkind zu Markte trieb. Womöglich schrieb dieser jetzt die Oper und gab sie dann als Werk seines Sohnes aus.

Am späten Abend kehrten die Mozarts in ihr Logis in der Weihburggasse zurück. Die Mutter setzte sich an den Tisch und stützte die Hände in den Kopf, während der Vater wie ein Tiger in der Stube hin und her lief. Nannerl sah mit verweinten Augen auf und sagte: »Er kann sich doch nicht verlaufen haben, er ist ja kein kleines Kind mehr.«
»Ist dir denn nichts aufgefallen, als ihr Ringelstechen gespielt habt?«, fragte Leopold ungehalten.
»Ich überlege schon die ganze Zeit. Da sind ja einige fremde Leute gekommen und wieder gegangen. Ich habe auch nicht mitbekommen, ab wann er verschwunden war.«
Plötzlich blieb der Vater mitten im Zimmer stehen und sagte: »Er ist gewiss entführt worden. Das ist die einzige Erklärung.«
»Warum sollte das jemand tun?«, fragte die Mutter mit ängstlicher Stimme.
»Ich traue dem Affligio nicht. Er sagte mir bei der letzten Probe, dass es Widerstände bei den Sängern und Musikern gäbe. Und er glaube nicht, dass ein Knabe eine Oper komponieren könne. Ich gehe morgen zur Polizei. Punktum!«

Wolfgang schlich sich zitternd vor Kälte zum Dienstboteneingang und klopfte leise, da schon abgesperrt worden war. Das Küchen-

mädchen öffnete erstaunt, erkannte ihn jedoch gleich. Sie ließ ihn ein und gab ihm einen heißen Tee. »Wo kommst du her?«, fragte sie mit einem schüchternen Lächeln. »Alle haben nach dir gesucht.«
Wolfgang schlürfte den Tee und seufzte: »Ich habe mich versteckt.«
»Aber wieso? Alle waren so in Sorge um dich. Deine Eltern sind außer sich.«
Wolfgang zuckte die Achseln und sagte: »Ich bin müde.« Das Mädchen merkte, dass er kaum die Augen aufhalten konnte. Sie flitzte nach oben, Herr Mesmer saß noch im Salon und las in einem Buch. Die Frau war schon zu Bett gegangen. Als Mesmer in die Küche rannte, war Wolfgang mit dem Kopf auf dem Tisch eingeschlafen. Er trug ihn nach oben, legte ihn aufs Kanapee, zog ihm die Schuhe aus und breitete eine Decke über ihn. Dann schickte er einen Boten in die Weihburggasse, um den Mozarts Bescheid zu geben. Der Bote fügte hinzu, dass der Knabe erschöpft sei und bis zum nächsten Tag bei dem Arzt bleiben könne.
Nach einem guten Frühstück am nächsten Morgen untersuchte Mesmer Wolfgang und befragte ihn nach seiner vermutlich überstandenen Krankheit. »Meine Schwester und ich sind im November erkrankt, obwohl wir aus Wien weggegangen waren. Seitdem fühle ich mich manchmal so müde. Und nun muss ich doch diese Oper schreiben. Nicht, dass es mir keinen Spaß machen würde ...« Der Junge sah ängstlich zu dem Arzt auf, der ihn aus großen dunklen Augen freundlich ansah. Es schien eine Kraft von ihm auszugehen, die Wolfgang guttat. Er entspannte sich und seine Furcht verflog. Mesmer fuhr ihm sachte über Stirn und Kopf und sagte: »Wenn dein Vater einverstanden ist, werde ich dich ein paar Tage hierbehalten und behandeln.«
»O je, mein Vater«, seufzte Wolfgang, »der ist bestimmt aufgebracht.«
»Warum hast du dich denn versteckt? Was dachtest du dir dabei?«
»Ach, ich wollte plötzlich nicht mehr. Wir haben so schön gespielt,

aber als ich meinen Vater sah, musste ich an diese verflixte Oper denken. Ich habe in kurzer Zeit über 500 Seiten komponiert, aber sie lachen nur, statt mich zu loben. Dauernd soll ich etwas umschreiben, was den Sängern nicht gefällt. Vorgestern sagte Madame Poggi, ich sei zu jung, um den Sinn des Librettos zu verstehen und die Musik sei oberflächlich.« Wolfgang kämpfte mit den Tränen.
»Das hat dich sehr gekränkt, das verstehe ich. Wenn man sich so viel Mühe gibt wie Du«, sagte Mesmer einfühlsam.
Wolfgang nickte und nun flossen die Tränen über seine Wangen. Mesmer legte tröstend die Hand auf seine Schulter und versprach: »Ich werde mit deinem Vater reden. Mach dir keine Sorgen.«
Wenig später traf die Familie ein. Mutter und Schwester umarmten den Wiedergefundenen voller Freude, wobei erneut reichlich Tränen flossen. Der Vater stand verdrießlich daneben und polterte los: »Was ist nur in dich gefahren? Hast du eine Ahnung, wie viel Sorgen wir uns um dich gemacht haben? Potztausendsackerment!« Er machte Anstalten, ihm eine Backpfeife zu geben. Mesmer trat in gleichen Moment an ihn heran und sagte: »Auf ein Wort, Herr Mozart.«
Im Nebenzimmer erklärte er dem Vater, dass der Junge völlig überreizt, verängstigt und überfordert sei, vor allem wegen der ablehnenden Haltung der Sänger und der Intrigen um die Oper. Leopold lenkte ein und berichtete brummig, dass die Aufführung verschoben worden sei und Affligio eine neue Oper einstudiere. »Das ist gegen jede Abmachung. Wolfgang hat viele Stunden an der Oper gearbeitet, sie ist fast fertig. Obendrein kostet uns der Aufenthalt hier in Wien eine Menge Geld.«
»Herr Mozart, ihr Sohn hat nicht die stabilste Konstitution und er hat eine schlimme Krankheit erst kürzlich überstanden. Gönnen Sie ihm eine Pause. Ohne Zweifel ist er sehr begabt, er wird seinen Weg machen. Aber vielleicht ist er mit einer burlesken Liebeskomödie in seinem Alter noch überfordert. Ich möchte Sie fragen, ob Sie

ihn eine Woche in meiner Obhut lassen wollen. Ich möchte ihn behandeln. Um die Kosten machen Sie sich keine Gedanken.«
»Ja, was ... Worin besteht die Behandlung, die Sie vornehmen wollen?«
»Ich beschäftige mich seit einiger Zeit mit dem Einfluss der Sterne auf den Organismus und mit dem Magnetismus. Die Anziehungskräfte der Planeten beeinflussen das Nervensystem und Magnete können durch ihre Strahlen eine heilsame Wirkung auf den Menschen haben. Bei Ihrem Sohn ist zwar keine Heilung, aber eine Kräftigung von Nöten.«
Der Vater willigte ein und Wolfgang verlebte eine unbeschwerte Zeit im Hause der Mesmers. Zweimal am Tage behandelte ihn der Arzt auf folgende Art und Weise: Er lag auf einer Liege, während der Arzt die Hände dicht über seinem Körper langsam auf und ab bewegte. Er erklärte ihm, dass er sie vorher mit Magneten aufgeladen habe. Wolfgang fand das recht merkwürdig, musste sich anfangs das Lachen verkneifen, aber er vertraute Mesmer. Die übrige Zeit klimperte er auf dem Spinett, unterhielt sich mit Dorle, dem Küchenmädchen, und tollte mit ihr im Garten herum, wann immer sie frei hatte. Sie spielten wie kleine Kinder Fangen und Verstecken. Dabei kam es zu Berührungen, die Wolfgang mehr elektrisierten als die Behandlungen des Arztes. Eines Tages war er so kühn, dass er Dorle hinter eine Hecke zog und sie auf den Mund küsste. Das Mädchen schaute ihn erschrocken an und floh. Am nächsten Tag wollte sie nicht mit ihm in den Garten gehen. Wolfgang war traurig und schlenderte lustlos umher. Als er an ein Blumenbeet kam, pflückte er einige Blumen und brachte sie dem Mädchen. Dorle nahm sie verlegen an und zog sich wieder zurück.

Inzwischen spitzten sich die Intrigen Affligios weiter zu. Leopold hatte den Direktor zur Rede gestellt, der immer mehr Ausflüchte ersann. Vater Mozart hatte den Vertrag lediglich mündlich abgeschlossen und es war zu befürchten, dass Affligio ihn brechen würde.

Kurz vor Ablauf der Woche, als Leopold Wolfgang im Haus des Arztes besuchte, kam es zu einem Gespräch zwischen den dreien. Leopold berichtete über den Stand der Dinge, Mesmer über die Fortschritte der Behandlung. Wolfgang betrachtete verträumt ein Bild und dachte an Dorle. Auf dem Bild war eine junge Frau, die ein Lamm mit einem Blumenkranz schmückte, in einer idyllischen Landschaft zu sehen.

»Ich möchte euch einen Vorschlag machen«, begann Mesmer, »ich habe einen wundervollen Text für ein kleines deutsches Singspiel gefunden. So wie die Dinge liegen, wird es höchstwahrscheinlich nicht zu einer Aufführung von ›La Finta Semplice‹ kommen. Wie wäre es, wenn Wolfgang das Singspiel für mich komponiert und wir es hier bei mir mit geladenen Gästen aufführen?«

»Ja«, sagte Wolfgang sofort, »das wäre mein Dank für Ihre freundliche Behandlung.« Der Vater war weiterhin bedrückt, da dadurch keine weiteren Einnahmen zu erwarten waren, stimmte jedoch zu.

»Worum geht es denn in dem Singspiel?«, fragte Wolfgang eifrig.

»Das Stück heißt Bastien und Bastienne. Die Schäferin Bastienne hat Angst ihren Geliebten an Phyllis, eine vornehme Frau, zu verlieren. Sie sucht Colas, einen alten Schäfer auf, der im Ruf steht ein Zauberer zu sein und bittet ihn um Rat. Dieser rät ihr, Bastien eifersüchtig zu machen und so zu tun, als liebe sie ihn nicht mehr.

Kurze Zeit später besucht Bastien den Zauberer und teilt diesem mit, dass er bald seine Geliebte Bastienne ehelichen möchte. Der Zauberer erklärt ihm jedoch, dass sich diese bereits in jemand anderen verliebt hätte. Bastien gerät vor Eifersucht außer sich, Bastienne reagiert jedoch vollkommen gleichgültig. Schließlich droht Bastien mit Selbstmord und kann sie doch noch rühren. Die beiden umarmen sich innig und danken Colas für ihre Vereinigung.«

Leopold meinte: »Das klingt ganz nach einem Schäferspiel in französischer Manier. Rousseau hat so etwas Ähnliches geschrieben. In Paris ist dieses Genre sehr in Mode.«
Wolfgang murmelte nachdenklich: »Ich kann mich nicht erinnern, dass wir in Paris so etwas gesehen hätten.«
Wolfgang wohnte wieder in der Weihburggasse, durfte aber den Arzt häufig besuchen, was er umso lieber tat, als Dorle wieder mit ihm sprach. Er machte sich mit Feuereifer daran, das Libretto zu vertonen. Es fiel ihm leicht, sich in die Handlung hineinzuversetzen, denn er selbst war Bastien, Dorle Bastienne und Colas entsprach dem Arzt Mesmer.
Er lief trällernd durch die Wohnung, so dass die Mutter lächelnd zu Nannerl sagte: »Ich glaube, die Behandlung hat gut angeschlagen.«
Der junge Komponist schrieb auf das Notenblatt »Tempo grazioso« und begann mit der Vertonung des Textes »Wenn mein Bastien einst im Scherze mir ein Blümchen entwand ...« Er dachte an den Kuss, den er Dorle gegeben hatte. War das die Liebe, von der Dichtung und Musik sprachen und um die die Erwachsenen so viel Aufhebens machten?
Sein Vater schaute ihm über die Schulter und fragte: »Kommst du vorwärts?«
»Ja, es geht gut. Der Unterricht, den ich in London bei Johann Christian Bach hatte, hilft mir sehr. Ich erinnere mich an viele Hinweise, die ich gut gebrauchen kann. Schau hier: da habe ich das ›singende Allegro‹ angewendet, von dem Bach immer sprach.«
»Gut, gut. Du solltest insgesamt homophon komponieren, das wirkt leichter als ein polyphoner Satz.« Er schaute sich einige Blätter genauer an und fuhr fort: »Ja, genau wie hier, die Harmonik folgt dem Melodieverlauf. Sehr schön.«
»Und ich werde mich am neapolitanischen Opernstil orientieren. Das hat mir der Bach auch beigebracht.«

»Du schreibst eine sehr galante Musik«, lobte der Vater schmunzelnd, »leicht und anmutig.«
Nachdem er gegangen war, lehnte sich Wolfgang zurück und atmete tief ein. In letzter Zeit war der Vater oft ungeduldig gewesen, nun freute er sich über sein Lob.
Die Arbeit ging ihm gut von der Hand und so wurde der Aufführungstermin bestimmt. Mesmer hatte in seinem Bekanntenkreis einige gute Sänger und Sängerinnen. Gebraucht wurden ein Sopran, ein Tenor und ein Bass. Und natürlich Musiker für ein kleines Orchester. Die Aufführung sollte im Garten stattfinden, mit Bäumen und Sträuchern als Kulisse.
Bei einem seiner Besuche bei Mesmer ließ Wolfgang eine Arie des Bastien erklingen. Er hatte seine Stimme in London von einem Kastraten ausbilden lassen. In der Hoffnung, dass Dorle ihn hörte, sang er: »Meiner Liebsten schöne Wangen will ich froh aufs Neue sehn ...«

Inzwischen war es endgültig zum Bruch zwischen Leopold und Affligio gekommen. Leopold bezichtigte den Theaterdirektor des Kontraktbruches und Affligio drohte Leopold mit einer Blamage, sollte er auf der Aufführung von Wolfgangs Oper bestehen. In dieser Situation versprach Mesmer, Wolfgang für sein Singspiel zu bezahlen und so wurde er sein erster Mäzen.

Die Proben begannen. Die Sängerin, die beiden Sänger sowie die Instrumentalisten übten allesamt die Musik aus Liebhaberei aus, waren engagiert und machten ihre Sache gut. Die Aufführung wurde nach dem französischen Vorbild arrangiert, was bedeutete, dass die Darsteller nicht weiß geschminkt und mit Perücke auftraten. Auch war ihre Kleidung schlicht und einfach, wie die der Landbevölkerung. Die Kulisse wirkte wie ein begehbares Gemälde mit Hecken, Büschen und einem Pavillon im Hintergrund. Im Vorder-

grund agierte Bastienne als unglücklich Verliebte und rührte in ihrer Unschuld das Publikum. Wolfgangs Musik ahmte die Dudelsacktöne des alten Schäfers wundervoll nach, als dieser von einem Hügel herabkommt und dem Mädchen zu Hilfe eilt. Alle waren fasziniert von der Szene, in der Colas die Liebenden mit Zaubersprüchen von ihren Verirrungen heilt. Und so kommt Bastien schließlich zur Einsicht und singt: »Bastiennes Lieblichkeit macht mich mehr als Gold erfreut.«
Die Damen und Herren der Wiener Gesellschaft waren über das heitere Singspiel entzückt und applaudierten dem jungen Komponisten. Bedienstete gingen durch den Garten und kredenzten Limonade, Sorbet und Wein.
»Ach, so kann man sich Arkadien oder das verlorene Paradies vorstellen. Diese reizende Unschuld, dieses Idyll!«, schwärmte eine adlige Dame und wandte sich an den Gastgeber, »Und Sie haben einen wundervollen Garten, Herr Doktor.«
Der junge Komponist war nach dem Applaus plötzlich verschwunden und tändelte in einer verborgenen Nische, nur von zwitschernden Vögeln belauscht, mit Dorle, dem Küchenmädchen.

Olaf Kappelt

Friedrich – der König des Rokokos und der Heilige Vater Benedikt

In Berlin hielt sich hartnäckig das Gerücht, ich sei heimlich zum Katholizismus übergetreten. Dabei zählte die kleine katholische Gemeinde bei meinem Regierungsantritt gerade einmal nur 41 Mitglieder. Genährt wurde das Gerücht, ich sei katholisch geworden, weil ich ostentativ meine katholischen Landeskinder förderte und Katholiken zu meinem engsten Freundeskreis gehörten, wie der anno 1733 zum katholischen Glauben übergetretene Graf Rothenburg. Kein Geheimnis blieb meine Freundschaft zu Kardinal Angelo Maria Quirini. Stand Quirini doch im Ruf, die Abtrünnigen bekehren zu können. Er soll niemals auf die Hoffnung verzichtetet haben, auch mich eines fernen Tages in dem Tempel kniend zu sehen, um dessen Errichtung ich mich in Berlin so sehr bemühte. Dabei hatte mein Vater den Katholiken noch das Bürgerrecht verwehrt und bis dato gab es keine katholische Kirche. Lange Zeit durften sich unsere römisch-katholischen Mitbürger auf den Gottesdienst in einem zu einer Kapelle eingerichteten Zimmer des Hauses der kaiserl. österreichischen Gesandten nur heimlich treffen. Hernach am 20. November 1755 erließ ich denn die Order, dass das Bethaus der Katholiken ab sofort keine Gesandtschafts-Kapelle sein sollte und das für die Geistlichen das Gehalt aus den königlichen Kassen zu bezahlen sei.

1722 hatte mein Vater noch eine geheim zu haltende Order an den Berliner Magistrat erlassen, wonach er die Annahme von Katholiken zu Bürgern der Residenz von seiner jedesmaligen Genehmigung abhängig machte. 1733 erklärte der Justizminister, dass es seiner Ansicht nach dem Könige nicht anzuraten sei, Katholiken in seinen Landen zu Bürgern anzunehmen. So wundert es auch nicht, wenn bei meinem Regierungsantritt wahrhaftig nur einundvierzig Berliner katholisch waren. Nur acht von ihnen hatte mein Vater widerwillig das Bürgerrecht zugestanden. Daran mag man erkennen, wie sehr mein Vater noch im barocken Herrscherdenken verwurzelt war. Da wollte einmal ein Weinhändler aus Aachen nach Berlin ziehen, das hat mein Vater nicht erlaubt, nur weil der Weinhändler katholisch war. Mit meiner Inthronierung war das allemal vorbei.

Die Errichtung eines Gotteshauses für die kleine katholische Minderheit in meiner Hauptstadt lag mir sehr am Herzen. Ich erklärte am 22. November anno 1746 in einem Patent, dass den Katholiken Berlins bekannt zu machen war, dass »sie eine Kirche, so groß als sie solche immer haben wollen, ohne Widerreden bauen dürfen«. Als weit sichtbares Zeichen religiöser Toleranz schenkte ich der katholischen Kirchengemeinde zu Berlin an herausragender Stelle ein Grundstück. Noch vor der Grundsteinlegung am 29. Mai 1747 besichtigte ich den Bauplatz und ich war zuvor bei der Absteckung des Bauterrains anwesend. Zur Fundamentierung des Grundstücks ließ ich achtzehn von mir geschenkte Eichenstämme in den Boden einrammen. Visavis wollte ich mein neues Königsschloss errichten. Den Residenzbau schenkte ich dann aber meinem Bruder Prinz Heinrich zur Hochzeit. Er wurde später zur Humboldt-Universität umfunktioniert. Der neu entstehenden Platz im Zentrum der Hauptstadt wurde bald als Forum Fridericianum bezeichnet, als ein Forum für die Freiheit der Kunst, für die Freiheit der Wissenschaften und für die Freiheit der Religionsausübung. So bekam die katholische Kirchengemeinde den lukrativen Platz gleich hinter meinem königlichen Opernhaus. Nach der Oper sollte es der zweite Bau werden, der errichtet wird.

Außer dem Grundstück an exponierter Stelle spendierte ich Baumaterialien. Doch zuerst einmal übernahm ich die Bürde, den ersten Planentwurf der Kirche zu zeichnen. Mit freier Hand mit Feder, Bleistift, teils mit Rötel zeichnete ich meine Bauentwürfe. In meinen architektonischen Plänen für die Hedwigskirche orientierte ich mich am Pantheon in Rom. Ich rief den Baumeister Jean Laurent Le Geay, dem ich meine eigenhändige Skizze für den Kuppelbau übergab. Le Geay bestätigt ausdrücklich auf dem Blatt, das die Grundsteinlegung der Hedwigskirche anno 1747 wiedergibt, dass ich die Skizzen für den Kirchenbau angefertigt habe. Ebenso bestätigt diese Tatsache der »Etat general« aus dem Jahre 1750. Ich sage dies auch nur, weil Nachgeborene immer wieder versuchten, meinen Anteil an den Planskizzen infrage zu stellen. Den späteren Plänen des Baumeisters Boumann lagen meine eigenhändigen Skizzen zugrunde. Trotz vielfacher Verzögerungen sollten meine zu Papier gebrachten Kirchenbauplanungen Wirklichkeit werden. Von mir wurde die Grundform eines zentralen, von einer Kuppel überwölbten runden Raumes mit Eingangs-Portikus vorgegeben. Die Hedwigskathedrale ist der einzige Bau in Berlin, der nach meinem eigenen Entwurf entstand.

Johann Boumann d. Ä. besorgte die weitere Bauausführung des kreisförmigen Zentralbaus mit besonders hoher Kuppel. Mit der Kuppel tat sich Boumann sehr schwer. Als der Kirchbau sich verzögerte erschien Boumann mit Knobelsdorff bei mir, der schon nebenan die Oper errichtet hatte. Sie fragten mich zum x-ten Male, wie denn die Kuppel beschaffen sein solle. Worauf ich eine Schokoladentasse nahm und umstülpte. So mögen sie erkennen, wie die Kuppel auszusehen habe. Basta! Wenn man auch nichts weiter von der Hedwigskirche weiß, so ist den Berlinern die Geschichte mit der umgedrehten Tasse bis heute geläufig.

Leider stockte der Bau schon kurze Zeit nach Beginn, weil ich die Bauleitung einem gewissen Pater Eugenius Mecenati anvertraute, der 1746 nach Berlin gekommen war. Der aus Mantua in Italien stammende emsige Karmeliterbruder warb umtriebig in Polen und anderenorts Spenden für den Bau der Kirche. Doch wohin die Spendengelder gingen, war mir sehr schleierhaft. Die Spenden tröpfelten höchst unzureichend. Wahrhaftig, nur wenig von dem eingesammelten Geld kam tatsächlich in Berlin an. Kurzentschlossen entzog ich dem windigen Karmeliter die Bauleitung und besuchte am 23. Februar anno 1746 meinen Freund Friedrich Graf von Rothenburg. Ich bat ihn, die Bauleitung wenigstens kurzzeitig zu übernehmen. Ich schätzte den gebildeten Rothenburg sehr, nicht nur weil ich ihn im Jahr zuvor zum Generalleutnant meiner Armee ernannte, sondern auch als vertrauten Teilnehmer meiner legendären Tafelrunde. Er versprach mir, diese Bürde zu übernehmen. Im nächsten Jahr kaufte er deshalb sogar in Berlin ein Haus, um dem Baugeschen näher zu sein. Als Berliner Konvertit und Katholik setzte er sich energisch für den Bau der Hedwigskirche ein. Doch leider sollte er die Fertigstellung der Kirche nicht mehr erleben. 1751 ging Rothenburg von uns, aber in der Hedwigskirche fand er seine letzte Ruhestätte.

Nachdem Rothenburg in die Bauleitung eingriff, wurde europaweit für den katholischen Kirchbau geworben. Mein päpstlicher Freund Benedikt blieb nicht abseits. Der Heilige Vater zu Rom trug mit seinem Wohlwollen entscheidend dazu bei, dass ein wahrhaftiger Geldsegen einsetzte. Papst Benedkt XIV. empfahl in allen katholischen Ländern durch Kollekten den Bau zu fördern. Opferwillige Gönner fand die geplante Hedwigskirche in Rom. Die Kollekte in

Rom unter dem Marquis Belloni erbrachte sagenhafte 57.580 Taler. Das war über die Hälfte aller überhaupt eingegangenen Spenden. Der größte Wohltäter der Kirche war Kardinal Quirini, der selber 8086 Taler spendierte. Er stiftete den Hochaltar aus carrarischem Marmor und die schöne Gestalt des auferstandenen Christus, der Maria Magdalena am Ostermorgen als Gärtner erscheint. Die Gruppe wurde in Venedig von Melchiori angefertigt. Auf Kosten des Kardinals wurde die Vorderseite der Kirche mit einer Säulenordnung ionischer Art verziert. So erklärt sich die bis heute lesbare Inschrift. Er sorgte für das Einmeißeln meines Namens: »Federici regis clementiae monumentum Hedwigi A. M. Quirinus S.R.E Card. suo aere perfecit«, was soviel bedeutete: »der heiligen Hedwig zu Ehren liess als ein Denkmal der Milde des Königs Friedrich der Cardinal Quirini (dieses Portal) auf eigene Kosten bauen«. Ich hatte ausdrücklich darauf bestanden, dass der Name dieses allgemein geschätzten Mannes und Akademikers von Ruf auf dem Giebelfeld für die Nachkommen festgehalten wird und nicht nur mein Name erscheint. Kardinal Angelo Maria Quirini war es auch, mit dem ich intensiv um den Bau der Hedwigskirche korrespondierte. Quirini nahm an der Errichtung dieser katholischen Kirche großen Anteil. Auf seine Kosten ließ der Vertraute des Papstes das monumentale Eingangsportal errichten. Weitere mildtätige Gaben für die erste katholische Kirche, die seit der Reformation in Berlin wieder zugelassen wurde, kamen aus Spanien, Portugal und Sizilien. Nur vom Hofe des »Allerchristlichsten« Königs in Versailles kam kein Heller.

Die von mir postulierte Religionstoleranz zwischen Protestanten und Katholiken war keineswegs selbstverständlich. Es kam einer Revolution von oben gleich. Manch einer mochte noch die lange vergangenen Schlachten des 30-jährigen Krieges neu ausfechten. Schon wenige Tage nach meinem Regierungsantritt erreichte mich eine Eingabe, die sich auf den Generalfiskal Uhden stützte und von mir forderte, die einzige römisch-katholische Schule abzuschaffen. Die Bittsteller warfen den katholischen Lehrern unerlaubte Propaganda vor. Am 22. Juni 1740 beschied ich in einer Randnotiz die Eingabe abschlägig: »Die Religionen Müssen alle toleriert werden, und mus der fiscal nuhr das auge darauf haben das keine der anderen abruch Tuhe, denn hier mus ein jeder nach Seiner Faßon selich werden«. Ein Jahr später fügte ich hinzu: »Alle Religionen sind gleich gut, wenn nur die Leute, die sie ausüben, ehrliche Leute sind«. Als überall in Europa der Jesuiten-Orden verboten wurde, erließ ich eine »geheime Ermahnung«, um »die hergebrachten Amtspflichten der Jesuiten nicht zu stören, sonder klüglich zu gestatten.« So durften im protestantischen Preußen die katholischen Jesuiten weiter wirken, obwohl sie anderenorts in katholischen Landen verfolgt wurden. Die religiöse Toleranz bewertete ich sehr hoch. Meine Erkenntnis lautete: »Viele Wege führen zum Himmelreich« und keineswegs musste das immer der Königsweg sein.

Mein Kredo bestand darin: »Verschiedene Dinge sind ihrer Natur nach so beschaffen, daß ein Regent nie seine Macht bis auf sie muß ausdehnen wollen. Darunter gehören hauptsächlich: Religion und Liebe«. Was die Liebe anbelangt, war ich manchen Freuden des Alltags durchaus zugeneigt, doch Mätressenherrschaft habe ich vehement abgelehnt. Ich war der Auffassung, der Mann sollte aus eigener Erkenntnis handeln und nicht von irgendeiner Mätresse fremdgesteuert werden. Madame Pompadour in Frankreich hat mir meine entsprechenden Bemerkungen sehr übel genommen. Sie war die Erste, die ein offizielles Verhältnis mit einem König pflegte, einem ansonsten streng katholischen König. Dem Frauenbild des Rokoko war ich eine Nasenlänge voraus. Schön und dumm, es reichte nicht. Da mussten andere Qualitäten hinzukommen. Aus diesen Überlegungen heraus erlaubte ich auch der ersten Frau in Deutschland, ihren Doktortitel zu machen. Bei meiner Huldigungsfeier in Halle übergab mir die junge Dorothea Erxleben eine Bittschrift, in der sie um meine Einwilligung bat, studieren und promovieren zu dürfen. Dieser Bitte folgte mein königliches Einverständnis.

Als erster aufgeklärter Herrscher auf europäischem Thron setzte ich am dritten Arbeitstag als König die Tortur außer Kraft und verbot die Folter. Auf dem Wege der Humanisierung des Rechtswesens war dies ein ganz bedeutender Schritt. Ich wollte Berlin zur Hauptstadt der Aufklärung machen. Preußen und Berlin wurden für viele zum gelobten Land, die in ihrer engeren Heimat Verfolgung erleiden mussten. Der freie Berliner Geist zog viele Menschen aus aller Herren Länder an. Einer dieser Freigeister hieß Francois-Marie Arout, der sich sich selbst den Namen Voltaire gab. Frühzeitig entwickelte er sich zu meinem Philosophenfreund. Mit Voltaire stand ich seit 1736 in regelmäßiger Briefverbindung. Er pries mich als »Salomon des Nordens« und besuchte mich mehrfach in Berlin und Sanssouci. So trug er zweifelsohne mit dazu bei, meinen Ruhm als König der Aufklärung zu mehren. Doch bald musste ich bitter feststellen, dass der geistreiche Voltaire ein schlechtes Herz besaß. Kleinmütig stritt er mit anderen in meinen Diensten stehenden Franzosen. Besonders abstoßend wirkten auf mich seine windigen Spekulationsgeschäfte. Stets war er nicht nur auf seinen geistigen Ruf bedacht, sondern versuchte allenthalben sich zu bereichern. Resigniert rief ich aus: »Gütiger Gott, wie kann soviel Geist mit soviel Schlechtigkeit gepaart sein.« Auch wenn die Korrespondenz mit ihm bis zu seinem Tode anhielt und ich ihm in Berlin ein Denkmal erschuf, so war ich doch heilfroh, als er Berlin verließ und nie mehr zurückkehrte.

Ich machte auch keinen Hehl aus der Wertschätzung, die ich gegenüber Papst Benedikt XIV. empfand, der in meinem Krönungsjahr anno 1740 den Stuhl des Heiligen Vaters bestieg. Das hat uns von Anfang an miteinander verbunden. Benedikt ward denn auch der erste Papst, der den preußischen Königstitel anerkannte. Bis dato war der König von Preußen aus der Sicht der Päpste nur der »Marchese von Brandenburg«, der als vandalischer »Pruzzenfürst«, verglichen mit Italien, nur über eine wüste Ödenei herrsche und das Banner der Reformation hoch halte, wo Ketzern und Abtrünnigen Unterschlupf und königliches Asyl gewährt würde. Aber Benedikt war in vielen weltlichen Dingen kompromissbereit. Er gewährte den europäischen Staaten Zugeständnisse, ohne von den Prinzipien des Katholizismus abzurücken. 1701, im Jahr der Erhebung Preußens zum Königreich, trat Benedikt in die Dienste der Kurie. Er hieß damals noch Prospero Lorenzo Lambertini und anno 1731 wurde er zum Erzbischof seiner Heimatstadt Bologna ernannt.

Das Jahr anno 1740 brachte nicht nur einen Zeitwandel in Preußens Residenzhauptstadt Berlin, sondern auch im fernen Rom. Dort kam mit Benedikt XIV. ein bedeutender Kirchenjurist und Historiker auf den Papst-Thron. Diese Papstwahl hatte aber gewisse Tücken. Das Konklave zog sich über ein halbes Jahr hin. Benedikt entwickelte sich schnell zum Modernisierer der Kurie, des Sakramentsrechts und der Mönchsorden. Als erster Papst gebrauchte er das Mittel der Enzyklika. Bereits 1740 verfasste er sein erstes Lehrrundschreiben an die Bischöfe, welches unter dem Titel »Ubi primum« stand. Er war auf die geistige und sittliche Hebung des Klerus eifrig bedacht. Auch trat er für eine tolerantere Behandlung der gemischten Ehen ein. Als bedeutender Kirchenlehrer hob er gleichsam offiziell den Bann gegen die Lehre des Nikolaus Kopernikus auf.

Benedikt war mir in vielem sehr ähnlich. Er förderte den Ackerbau und unterstützte den Handel. Nach eigenen Zeichnungen baute er mir gleich eine Kirche zu Rom, half den Unterdrückten, betätigte sich als Schriftsteller und galt als Förderer der Wissenschaften. Benedikt widerstand der Religionsschwärmerei, und seine Frömmigkeit empfand ich als aufrichtig, gleichsam aufgeklärt und duldsam. Er sorgte für ein künstlerisches und wissenschaftliches Aufblühen Roms. Als Papst unterstützte er die Gründung ausländischer Kulturakademien, baute Bibliotheken aus und hob nach meinem Berliner Opernbau das Aufführverbot über die römischen Theater auf. Wie mir mein italienischer Freund Francesco Algarotti berichtete, so habe Benedikt mich in einem Brief gar mit Julius Cäsar verglichen, der Stärke in den Waffen mit bedeutenden Leistungen in der Literatur vereinigt habe. Meinen Freund Algarotti autorisierte ich ausdrücklich, dem Papst anno 1751 zu erklären, dass die Katholiken in meinem Staate nicht nur geduldet, sondern sogar beschützt würden. Benedikt verstand meine Botschaft, dass das Schwert Roms in Deutschland, das Haus Habsburg, sich als stumpf und wirkungslos erwiesen habe.

Benedikt hatte wie ich eine ausgeprägte soziale Ader. Er stammte aus einer verarmten Adelsfamilie und wusste um die Nöte der Menschen. In seiner Enzyklika »Vix pervenit« bezog er gegen Zins und Wucher Position. Er stellte fest: »Die Sünde, die usura heißt und im Darlehnsvertrag ihren eigentlichen Sitz und Ursprung hat, beruht darin, dass jemand aus dem Darlehen selbst für sich mehr zurückverlangt, als der andere von ihm empfangen hat«. Mein Bemühen, durch Trockenlegung von Sümpfen mit friedlichen Mitteln eine ganze Provinz zu erobern, teilte Benedikt. Ich legte den Oderbruch trocken und gründete dort unzählige Dörfer. Ähnlich wirkte Benedikt, denn die Trockenlegung der Pontinischen Sümpfe geht auf seine Order zurück.

Achtzehn Jahre wirkte Benedikt segensreich für seine Kirche. Sein Tod anno 1758 ließ mich nicht kalt, traf er doch Berlin hart. Mit dem Tod Benedikts XIV. kam sehr schnell die Fertigstellung des Kichbaus in Preußens Residenz zum Erliegen. Es trieb mir die Röte ins Gesicht, aber sein Nachfolger Papst Clemens XIII. stand dem Bau ablehnend gegenüber. Zweimal musste ich der Kirchengemeinde Geldbeträge zukommen lassen, damit die laufenden Zinsen für die überschuldete Baustelle bezahlt werden konnten. Die sich über viele Jahre hinziehenden finanziellen Sorgen um den Kirchbau versuchte ich durch Verwendung von Lotteriegeldern zu beheben. So flossen gewisse Beträge aus der Lotterie in den unvollendeten Kirchbau, um die zu Tage getretenen Baumängel zu beseitigen.

Erst sein Nachfolger Clemens XIV. zeigte wieder Interesse an dem Berliner Kirchbau. In einer Audienz, die der Neffe des Breslauer Fürstbischofs Schaffgotsch 1770 bei ihm hatte, erklärte sich Papst Clemens bereit, »das Wohl dieser Kirche, welche das Glück hat, unter dem Schutze eines so mächtigen Fürsten zu stehen«, zu fördern. Nach der Anteilnahme des Papstes flossen erneut Geldspenden aus ganz Europa und trugen zur Vollendung des Kirchbaus bei.

Aus Turin hatte ich für meine Operndekoration den königlich sardischen Hofmaler Bernardino Gagliari angeworben. Er hatte sich am Opernbau fast eine goldene Nase verdient. So gelang es mir, ihn zu mildtätigem Handeln zu beflügeln. Unentgeltlich malte Gagliari die Kuppel aus und schuf ein eindrucksvolles Altarbild. Die Kuppelwölbung verzierte er nach dem Vorbild von Santa Croce in Turin. Ebenso verzierte er mit Ornamenten die Chornischen und Gesimse sowie die Kanneluren der Säulen. Außerdem stiftete er die Kanzel, entwarf sowohl den Altar als auch die zwölf Leuchter für den Hauptaltar und die Nischen. Die Kuppelöffnung wurde mit blauer Leinwand geschlossen, worauf eine Taube als Versinnlichung des Heiligen Geistes schwebte.

Das kreisrunde Innere wurde von der von 24 korinthischen Säulen getragenen Kuppel überwölbt. Die Schrägstellung der Kirche war durch den Verlauf der ehemaligen Befestigungsanlage vorgegeben, da so das alte Festungsmauerwerk mitbenutzt werden konnte. Im Innern schmückten die Seitenaltäre zwei eindrucksvolle Gemälde: die heilige Hedwig von Cagliari und die Geburt Christi von meinem Hofmaler Pesne, der sich auch zur neu entstandenen Hedwigs-Gemeinde bekannte. Zum historischen Raumgefüge gehört eine Unterkirche mit Begräbnis- und Gedächtniskappellen. Nach Süden hin schließt der Kirchbau mein Forum Fridericianum ab.

Der Name der Kirche ist von der heiligen Hedwig abgeleitet, der Schutzpatronin Schlesiens. Ich pflegte sie scherzhaft meine »himmlische Frau Bas« zu nennen, weil mich der Rückgriff zu meinen Vorfahren an die Verbandelung zwischen dem Kurfürsten von Brandenburg und dem alten Piastenstamme erinnerte, wodurch ich gewisse Ansprüche auf Schlesien zurückführte.

Endlos lange hatte sich der Bau hingezogen. Doch am 1. November 1773 konnte er mit aller Feierlichkeit eingeweiht werden. Das Hochamt zur Eröffnung der Hedwigskirche zelebrierte auf meinen Wunsch hin Fürst Ignacy Krasicki, Bischof des kürzlich säkularisierten Ermlands. Ich hatte diesem Kirchenfürsten viele Sympathien entgegen gebracht. Er war ein guter Gesellschafter und besaß einen ausgeprägten Humor. Bei dem Festessen, welches ich aus Anlass der Kircheneinweihung gab, bemerkte ich scherzhaft, ich hoffe, an einem nicht allzu fernen Tage, unter dem Mantel des Bischofs in den Himmel zu kommen. Worauf mir der Bischof Krasikki schlagfertig entgegnete: »Majestät haben mir den Mantel derart beschnitten, daß ich keine Kontrebande mehr mitnehmen kann.«

Isabell Pfeiffer

Der Mohr und die Gärtnerin

Der weiße Kies flirrte unerträglich hell in der Nachmittagssonne, und die junge Gärtnerin flüchtete mit ihrer Harke in den Schatten, so oft sie konnte. Als ob irgendjemand in Weikersheim in diesen Tagen noch nach sauber geharkten Wegen und akkurat geschnittenen Broderien fragen würde! Seit sie den Erbgrafen Albrecht Ludwig Friedrich aus Ohren und Nase blutend und ohne Bewusstsein in seiner Chaise von einem Ausritt zurückgebracht hatten, schien es, als sei das vorher so anmutig flackernde höfische Leben in Weikersheim erloschen. Eine gespenstische Woche lang hatten Graf Carl Ludwig und seine Gattin Elisabeth um ihren einzigen Sohn, Prinzessin Christiane Louise um den Gatten gebangt; unzählige Bittgottesdienste waren abgehalten, beide Medici und Chirurgi waren herbeigerufen worden und hatten doch nur übereinstimmend das Schicksal des jungen Grafen in Gottes Hand legen können. Und diese Hand hatte ihm schließlich die Augen für immer zugedrückt. Nichts war seitdem mehr so, wie es gewesen war; jeder wusste, dass mit dem Tod des Erbgrafen das Ende der Linie Hohenlohe-Weikersheim unabwendbar geworden war, denn das regierende Grafenpaar war viel zu alt, um noch einmal für Nachwuchs zu sorgen, und der Erbgraf selbst und seine Gattin waren kinderlos.
Gabriel Seyferth, der Hofgärtner, war allerdings der Meinung, gerade in solchen Zeiten der Auflösung und Verzweiflung sei es besonders wichtig, den äußeren Formen Genüge zu tun, und so hielt er seine Gesellen und Gartengehilfen an, sich auch weiterhin mit allen Kräften um die gräflichen Gartenanlagen zu kümmern, die üppigen Parterres, das Labyrinth, die exotischen Orangeriepflanzen und indianischen Gewächse, wie er es ihnen beigebracht hatte.

»Die Bäume hier werden noch stehen, wenn sich an uns längst schon niemand mehr erinnern kann«, sagte er. »Es liegt ein Trost darin, den auch Graf Carl Ludwig erkennen wird.« Weniger Trost lag allerdings darin, in sengender Hitze draußen zu arbeiten, dachte Sophie, seine Tochter. Der Schweiß lief ihr in Strömen den Rücken hinunter, und sie beneidete die jungen Hilfsarbeiter, die sich die Hemden ausgezogen hatten und mit nacktem Oberkörper in den vier Kompartimenten des Parterres lange Gräben aushoben. Hier sollten zierliche Querwege entstehen, die die großen Flächen untergliederten und den Besucher möglichst nahe an die Wasserbassins mit ihren charmanten Wasserkünsten heranführten.
Von der Stadtkirche schlug es vier Uhr, vier helle, vier dunklere Schläge. Sophie lehnte die Harke gegen ein Pomeranzenbäumchen und schlenderte dann durch die Kastanienallee hinüber zum Labyrinth, wo es zwischen den geschnittenen Eibenwänden auch im Hochsommer angenehm kühl war. Bei Bällen und anderen Festlichkeiten, wenn der ganze Garten mit Lampions und brennenden Fackeln geschmückt wurde, war das Labyrinth ein begehrter Aufenthaltsort, doch jetzt mitten am Tag würde niemand sie hier suchen. Aber als Sophie das Rondell in der Mitte des Labyrinths erreichte, ihren Lieblingsplatz, war schon jemand da: Ein schwarzer Mann saß im Schatten auf der Erde, hielt ein Buch in der Hand und war mindestens so überrascht wie sie selbst. Sophie wusste gleich, dass es sich um den Mohren handeln musste, der zur Hochzeit von Erbgraf Albrecht und Prinzessin Christiane Louise von Holstein-Plön vor einigen Jahren ins Schloss gekommen war und seitdem zu ihrem Hofstaat gehörte.
Sie hatte ihn noch nie aus der Nähe gesehen, und jetzt wurde sie von unbezähmbarer Neugier überfallen und machte unwillkürlich ein paar Schritte auf ihn zu. Er war tatsächlich so schwarz, wie die Kammerzofe behauptet hatte, mit kurzgeschorenem krausem Haar, einer breiten Nase und vollen Lippen. Ob er am ganzen Körper

so schwarz war? (Die Kammerzofe hatte das bejaht und mit leuchtenden Augen hinzugesetzt: ‚Und schwarze Haare überall, wie ein Affe!') Über weißen Seidenstrümpfen und dunklen Kniehosen trug er ein weinrotes Justaucorps und eine bestickte Weste, aus deren Ausschnitt feine Batistspitzen quollen; seine Perücke hatte er abgenommen und achtlos an einen Zweig gehängt. Unwillkürlich sah Sophie an ihrem eigenen schmutzigen Arbeitskittel herunter und versuchte verstohlen, sich an ihrem Rock die Hände abzuwischen. Der Mohr stand jetzt langsam auf, klopfte sich den Staub von der Hose und verbeugte sich. Er war sicherlich mindestens einen Kopf größer als Sophie und vielleicht ein, zwei Jahre älter, aber es war bei einer so fremdartigen Erscheinung schwer zu beurteilen.
»Guten Tag«, sagte er. »Ich habe Sie nicht erschreckt, j'espère?« Seine Stimme war dunkel und melodisch. Sophie war überrascht, dass er so fließend in ihrer Sprache reden konnte.
»Nur ein bisschen«, antwortete sie. »Ich bin Sophie, die Tochter des Gärtners.« Sie war ein wenig verlegen, und so fragte sie einfach schnell das erste, was ihr in den Kopf kam: »Was ist das für ein Buch, das Sie da lesen?«
»Es heißt Robinson Crusoe. Kennt Sie es?« Sophie schüttelte den Kopf. »Es handelt von einem Seemann, der viele Jahre auf einer einsamen Insel ausharren musste, bevor er endlich gerettet wurde. Sein einziger Gefährte in dieser Zeit war ein ehemaliger Kannibale. Quel ennui!« Sophie konnte nicht verhindern, dass sie über und über errötete. Über niemanden am ganzen Weikersheimer Hof wurde so viel getuschelt wie über diesen schwarzen Mann, der vor einigen Jahren auf den Namen Christian Ludwig Friedrich getauft worden war und dem Vernehmen nach dem Erbprinzenpaar den Kaffee servierte. Er stamme selbst von Kannibalen ab und sei als Knabe von Seeräubern geraubt und in Messina auf dem Sklavenmarkt verkauft worden, hatte Sophie gehört; er sei am ganzen Leib abscheulich tätowiert, verlange immer wieder rohes Fleisch zum

Essen und sei im Grunde seines Herzens ein gefährlicher Wilder geblieben. Ein Wilder, der Bücher las.

»Ich – ich wusste nicht, dass es hier im Schloss solche Bücher gibt«, stotterte sie schließlich. Der Mohr nickte.

»Oui, es gibt viele Bücher. Die Gräfin liebt es zu lesen. Sie hat übrigens auch Bücher über die Gartenkunst, zum Beispiel das berühmte Werk von Dézallier d'Argenville über Theorie und Praxis der Gärtnerei ... Versteht Sie zu lesen?«

»Ja«, beeilte sich Sophie zu versichern. In ihrer Familie hatte niemand Zeit dafür, mit einem Buch in der Hand den Tag zu vertrödeln. »Dann – dann interessieren Sie sich für die Gartenkunst?«, tastete sie sich weiter. Der Mann nickte.

»Bien sûr! Aber es war vor allem der Erbprinz, der sich für den Garten enchantiert hat ... Er hatte große Pläne damit!«

»Tatsächlich?« Sophie war überrascht. »Aber der Garten ist doch wunderschön, so wie er ist!« Der Mohr lächelte leicht.

»Schön, aber ein wenig démodé. Graf Carl Ludwig ist noch sehr dem strengen französischen Stil verhaftet, während Prinz Albrecht sich ganz den nouveaus idées verschrieben hat ... er hat mir Briefe an Hofgärtner in ganz Europa diktiert und sich Ratschläge geholt, von Petri in Zweibrücken, Salzmann in Potsdam und Charlottenburg, Sello, Oth ... wir haben viele discussions über die Änderungen, die er vornehmen will.« Er schien ganz vergessen zu haben, dass diese Gespräche mit dem Erbprinzen endgültig vorüber waren, dachte Sophie. Aber ihr Interesse war erwacht.

»Was denn für Änderungen?«, fragte sie. Christian Ludwig Friedrich zwinkerte ihr zu.

»Elle est très curieuse, la petite jardinière ... Nun, der Garten hier ist viel zu geordnet, viel zu übersichtlich. Alle Wege sind gerade und symmetrisch, es gibt kaum Eckchen, in denen man sich verstecken kann – Sie sieht es ja selber: Sogar hier im Labyrinth ist man nicht unbeobachtet.«

»Ich bitte vielmals um Entschuldigung, wenn ich Sie gestört habe!« Er schüttelte den Kopf.
»De rien, Mademoiselle. Aber in diesem Garten fehlen die surprises, versteht Sie, die kleinen Überraschungen, die folies ... Ein Spielplatz zum Beispiel, das wäre amusant, oder ein Irrgarten, ein richtiger, mit vielen verschlungenen Wegen pour l´échapper ...« Sophie sah ihn verständnislos an.
»Pour l'échapper?«
»Um zu entwischen.« Wieder zwinkerte er ihr zu.
»Wem zu entwischen?«, wagte Sophie zu fragen.
»Nun, dem Hof ... dem cérémonial ... manchmal auch der ganzen realité.« Sein Gesicht verdüsterte sich, als wäre ihm etwas Unangenehmes eingefallen.
»Dann hat sicher auch Prinz Albrecht die Idee zu der Ruine gehabt«, sagte Sophie schnell. Dieses Bauwerk war erst vor kurzem in der Nähe des Gänsturms errichtet worden: Ein kleines Lusthaus, das von außen einen verfallenen Eindruck machte, innen aber mit allem Komfort ausgestattet war.
»Oui, so ist es. Es war eine Idee des Erbprinzen, ebenso wie der Ankauf des Geländes in der Tauberaue.« In der Nähe schrie ein Pfau, und der Schwarze zuckte zusammen. »Mon dieu! Wie kann ein so schönes Wesen eine so hässliche Stimme haben?« Sophie schluckte die Antwort hinunter, die sie auf der Zunge hatte.
»Und diese Wiese am Fluss sollte ein Labyrinth werden?«
»Oh nein. Damit hatte Albrecht ganz besondere Pläne. Hat Sie schon einmal von den englischen Gärten gehört?« Sophie schüttelte den Kopf. In der Ferne konnte sie ihren Vater rufen hören; er schien sie zu suchen, aber sie hatte keine Lust, ihm zu gehorchen. Noch nie hatte jemand, der im Rang so weit über ihr stand – immerhin speiste Christian Ludwig Friedrich am Nachtisch gemeinsam mit den Kammerjunkern und Zofen und war ein Vertrauter des Erbgrafen gewesen – sich so freundschaftlich mit ihr

unterhalten. Sie hatte schon fast vergessen, dass er schwarz war.

»Ich war noch nie aus Weikersheim fort«, setzte sie jetzt hinzu. Plötzlich kam sie sich entsetzlich dumm und ungebildet vor. Aber der Mohr lächelte nur.

»Ich bin auch noch nicht in England gewesen«, erklärte er. »Aber der Erbprinz hat auf seiner Kavalierstour London besucht. Dort in England muss es merveilleuse Gärten geben. Gärten, die die Natur nachbilden, mit Teichen statt Bassins, künstlichen Hügeln, echten Schafherden ... « Er sah träumerisch in die Ferne.

»Und so ein Garten sollte hier entstehen? An der Tauber?«, fragte Sophie zweifelnd. Sie dachte an all die Zeit, die es sie kostete, die Kübelpflanzen und Orangeriegewächse und Buchsornamente in Form zu schneiden, immer wieder, mehrmals im Jahr. Solche Pflanzen hatten wohl kaum noch einen Platz in einem Garten, der die Natur nachbildete. Ihren Vater würde der Schlag treffen, wenn er sich davon trennen müsste.

»Ein kleines exemple, oui ... aber es wäre nur ein Teil gewesen, versteht Sie? Ein Teil von vielen. Die modernen Gärten bestehen aus vielen varietés. Sie dienen weniger der représentation als dem plaisir, sie stimmen uns heiter ... « Er verstummte, und Sophie schien es, als wäre von der Heiterkeit, die er gerade noch beschworen hatte, in seinem eigenen Gesicht keine Spur mehr zu finden. Vielleicht war er ja traurig, dass all diese Pläne mit dem Tod von Erbprinz Albrecht hinfällig geworden waren, dachte sie. Aber musste das wirklich so sein?

»Nach der Trauerzeit wird Prinzessin Christiane Louise doch sicher fortführen, was der Erbprinz begonnen hat«, sagte sie betont zuversichtlich. »Nicht wahr?« Christian Ludwig Friedrich sah sie unergründlich an.

»Je suis désolé«, antwortete er schließlich. »Ich weiß es nicht. Seine Briefe jedenfalls hat sie verbrannt.«

»Aber Sie selbst wissen doch, was Albrecht geplant hatte! Sie können die Prinzessin doch beraten, und ich bin sicher, dass mein Vater Sie nach Kräften unterstützen wird.« Wie es wohl wäre, mit diesem schwarzen Mann zusammenzuarbeiten? Er würde ins Gärtnerhaus herüberkommen und seine Pläne auf dem großen Holztisch ausrollen; ihr Vater würde ernsthaft mit ihm diskutieren, während die Mutter Tee und Gebäck servierte, und sie selbst – ja, sie würde wahrscheinlich daneben stehen und lauschen, und irgendwann –

»Ich werde Weikersheim verlassen.« Sophie konnte nicht glauben, was sie da gehört hatte.

»Verlassen? Aber warum denn?«

»Ihre durchlauchtigste Fürstin Christiane Louise schickt mich an den Hof von Braunschweig-Wolfenbüttel. Sie hat es mir heute morgen mitgeteilt.« Die Stimme sollte wohl sachlich und ausdruckslos klingen.

»Wolfenbüttel? Das ist ja zehn Tagereisen entfernt – oder mehr! Und die Prinzessin schickt Sie als – als Gesandten?« Es zuckte in dem schwarzen Gesicht; für einen Augenblick hatte Christian Ludwig Friedrich seine Züge nicht unter Kontrolle.

»Nicht als Gesandten. Als Präsent. Sie hat mich dem herrschenden Herzog Carl von Braunschweig-Wolfenbüttel geschenkt. In drei Tagen breche ich auf.« Sophie starrte ihn entgeistert an. Die elegante Kleidung, die gewählte Sprache, die Vertrautheit mit dem Erbprinzen – all das hatte nicht ausgereicht, um diesen Mann davor zu schützen, verschenkt zu werden wie ein überzähliger Pfau aus der Ménagerie oder ein besonders gut gewachsener Granatapfelbaum, mit dem der Graf einen Standesgenossen beeindrucken wollte. Sie wusste nicht, was sie sagen, wohin sie schauen sollte. Eine Stelle in ihrem Inneren hatte angefangen fast unerträglich zu schmerzen, eine Stelle, die sie noch nie zuvor gespürt hatte.

»Leider kann ich mein Leben nicht nach meinen Wünschen formen wie ein Buchsparterre«, setzte er leise hinzu. Da hatte sie plötzlich einen Einfall.

»Warten Sie! Warten Sie hier einen Moment, ich bin gleich zurück!« Sie hob die Röcke und lief los, über die gekiesten Wege, an den Broderien vorbei, die Freitreppe hinauf und zum Gärtnerhaus, wo sich im Obergeschoss die Wohnung ihrer Familie befand. In einem Kabinett im Arbeitsraum verwahrte ihr Vater die Sämerein, die sie in dieser Saison schon geerntet hatten. Sie öffnete die Schubladen und suchte: Rosafarbene Cosmeen, zartgelbe Reseden, weiße Levkojen und, ja, auch Vergissmeinnicht in Himmelblau. Von allem füllte sie ein kleines Papiertütchen ab, beschriftete es hastig und eilte damit zurück. Der Mohr hatte sich in der Zwischenzeit nicht von der Stelle bewegt; er hatte sich nur seine Perücke aufgesetzt und zupfte daran herum, aber ohne Spiegel war es schwierig, sie richtig zum Sitzen zu bekommen, und sie hing ihm ein wenig schief auf dem Kopf.

»Ein Erinnerung an Weikersheim«, flüsterte Sophie atemlos und reichte ihm die Samentütchen. »Wenn Sie einmal Heimweh haben! Gärten gibt es überall.« Überrascht las er die Aufschriften auf den Tütchen, griff dann nach Sophies Hand und küsste sie ganz leicht. »Merci beaucoup, Mademoiselle. Ich danke sehr. Und au revoir.« Er verbeugte sich leicht, drehte sich um und ging.

»Leben Sie wohl!«, rief Sophie ihm noch hinterher, aber er schaute nicht noch einmal zurück. Sie sah dem Mann nach, der sich allmählich entfernte, mit leicht vorgebeugten Schultern und schiefer Perücke, und die Tränen hinterließen helle Streifen auf ihren Wangen. Je suis désolé ... Braunschweig, dachte sie, Wolfenbüttel. Irgendjemand würde wissen, wo genau das lag und wie sie dort hinkommen könnte.

Nicole Rensmann

Fragonard – ein Maler auf der Suche nach der Zufriedenheit

Ich starb als mittelloser Fremder in der Stadt, in der ich Berühmtheit erlangte.
Viele Jahre ließ ich mich verführen von der Leichtigkeit, die mir das Leben schenkte. Geld rann mir wie zu dünn angerührte Farbe durch meine Finger. Ich liebte die Schönheit – vor allem die der Frauen, ahnte jedoch nicht, was Liebe bedeutete. Liebe. Wahre Liebe. Worte, die aus dem Mund eines Dichters gesprochen wie Honig schmecken müssten. Ich war kein Dichter und leckte die Süße des Honigs nie von meinen Lippen. Meine Leidenschaft galt der Malerei, der ich, mit wachsender Unzufriedenheit, – wie der Liebe zu einer Frau – verfiel. Lange Jahre ein süßer Ruhm, der am Ende jedoch bitter schmeckte.

Als ich am 05. April 1732 das erste Mal die kloakenschwangere Luft von Grasse einatmete, die aus dem Sträßchen de la Font-Neuve durchs Fenster wehte, und meinen Eltern mit einem Schrei meinen Lebenswillen kundgab, galt mein Weg alles andere als vorbestimmt. Die revolutionären Ideen meines Vaters brachten ihn, als ich ein kleiner Bub war, um den guten Ruf, den er sich als Handschuhmacher erarbeitet hatte. Wir flüchteten nach Paris auf der Suche nach Anerkennung und finanzieller Sicherheit, wie ich mit fortschreitendem Alter gewahr wurde; Mit sechs Lenzen interessierten mich weder Geld noch Ruhm, aber das änderte sich.

Als ich alt genug war, weigerte ich mich, bei meinem Onkel, einem Parfumeur in Grasse, der zwischen vielen seines Fachs kaum zu bestehen vermochte, zu arbeiten. Obgleich ich den Wohlgerüchen zugeneigt war, konnte ich der Herstellung der Wässerchen nichts abgewinnen.

Lieber jagte ich den jungen Mädchen hinterher, feierte in den Nächten und hoffte am Tage auf Großes, das mir als Talent in die Wiege gebettet worden war. Nicht, dass ich danach suchte oder mit Euphorie daran werkte – an diesem Großen. Ich wartete, malte unbeachtet vor mich hin und ließ mich vom Tag treiben. Ich sprühte vor Energie, wusste sie aber nicht gezielt einzusetzen.

Ein Versuch, mich zu bändigen – mein Vater stellte mich einem Notar vor – schlug fehl. Gesteuert von Größenwahn und Neugier, schritt ich durch die Straßen von Paris, betätigte mich als Voyeur bei den Badenden Mädchen, wanderte durch den Kleinen Park und die Baumallee entlang, tummelte mich am Wasserplatz, beobachtete das heimliche Treffen einer Jungen Frau und ihres gekrönten Liebhabers. Einmal besuchte ich Schausteller auf dem Jahrmarkt und lauschte den Klängen eines italienischen Gitarrenspielers, der für drei tanzende Mädchen spielte.

Ich suchte nach Erfahrungen, die meinen Geist anregten.

Wie unerlässlich mein gottloses Leben in diesen jungen Jahren sein sollte, würden meine Eltern erst später verstehen lernen.

Nachdem König Ludwig am 14. Oktober 1750 – ich erinnere mich daran wie an meinen Todestag – das Luxembourg zur freien Besichtigung geöffnet ließ, wusste ich, welcher Berufung ich nachzugehen gedachte. So wurde ich ein Bewunderer des elf Jahre vor meiner Geburt verstorbenen Antoine Watteaus, der mehr war als ein Maler – er war ein Meister! Seine Bilder besaßen Lebendigkeit, wirkten wie von Menschen nachgestellt, greifbar und detailliert. All mein Ansinnen setzte ich darauf, so malen zu können wie er, denn mit dem Pinsel – in der Tat – wusste ich umzugehen.

In meinem Übermut glaubte ich, der Berühmtheit des flämischen Malers gleichkommen zu können. Ich studierte sein Werk, ich trank es wie Wein, inhalierte seinen Werdegang und verinnerlichte jeden seiner Pinselstriche, bis ich – berauscht von Farben und gefüllt mit Motiven – mehr und mehr sein Werk kopierte. Watteau! Mein toter Mentor, dessen Bilder mich lehrten, mein Schicksal selbst zu führen.

Meine Mutter, glücklich mein Ziel zu wissen, brachte mich mit meinen ersten Malversuchen zu François Boucher, berühmt für seine erotischen und ländlichen Szenen. Doch der zukünftige Hofmaler des Königs Ludwig XV., selbst ein Bewunderer Watteaus, wies uns ab. Voller Trotz und Übermut betrank ich mich in der Nacht und ging am nächsten Morgen ungewaschen und mit dem Atem eines alten Fisches erneut zu Boucher und beschimpfte ihn. Zu spät erkannte ich, welche Chancen ich mir mit meinem naiven Ausbruch hätte verbauen können.
»Deine Ausbildung besteht aus bunten Träumen und den Waden nackter Mädchen. Zu wenig um ein meisterlicher Maler zu werden, der meine Zeit zu stehlen gedenkt.« Boucher wandte sich von mir ab, ohne meiner Rechtfertigung Gehör zu schenken, die nach dem ersten Wort in einem Schwall meines Mageninhalts endete und sich in der Gosse zwischen Urinlachen widerfand.
Ich hasste mich. Jedoch nur kurz. Denn ich gehörte zu der Sorte junger Burschen, die sich von Selbstvertrauen nährten und Kritik als die Schwäche des Anderen titulierten. Und so wählte ich den nächstbesten Lehrmeister: Jean Siméon Chardin. Trotz meiner fehlenden Ausbildung nahm er mich auf und erwies sich als geduldiger Lehrer. Doch ich dankte es ihm nicht mit Fleiß. Ich benahm mich, als gehöre ich längst zu den großen Meistern, unterwarf mich nicht Chardins geradlinigen Zwängen. Den Pinsel in Dummheit getaucht, malte ich mit Ignoranz. Chardin warf mich nach

einem halben Jahr vor die Tür. Meine Wut, die sich in Farbfäusten auf die Leinwände entlud, richtete sich gegen meinen Lehrer. Selbstkritik war mir fremd.

Und doch, meine Kunst vollführte einen Satz, wie das Herz eines Verliebten, wenn er sich einen heimlichen Kuss seiner Mätresse stahl.

Ich zählte achtzehn Lenze, als mich François Boucher aufsuchte. »Ich bin beeindruckt ob deines erworbenen Handwerks. Es ist kein Platz in meiner Werkstatt. Doch ich werde dir einen schaffen.« Er streckte mir seine Hand entgegen – dem Glück sei gedankt, meine Bewunderung für Boucher wog schwerer als mein Stolz – und ich schlug ein.

Es folgten lehrreiche Jahre, von Erfolg gekrönt. Auf der Wippe saß ich stets oben, beim Blinde-Kuh-Spiel holte ich mir den Kuss der Schönsten ab.

Nach nur einem Jahr schickte mich Boucher nach Rom. Er wollte, dass ich mich am »Prix de Rome« beteiligte. Eine Ehre und Auszeichnung, die ich für mich entschied, obwohl ich – im Gegensatz zu allen anderen Bewerbern – keine akademische Laufbahn vorzuweisen hatte.

Nach kürzester Zeit erwarb ich – meinem Talent sei Dank – die nahezu exakte Fertigkeit meines Lehrmeisters, der mir daraufhin seine Aufträge vermittelte. Doch auch diese Zeit sollte verstreichen und als ich glaubte bei Boucher ausgelernt zu haben, nahm ich mein beim Rompreis erworbenes Stipendiat wahr und besuchte die Akademie.

Ich musste jedoch schnell feststellen, dass ich nur einen kleinen Maler unter vielen Meistern darstellte. Doch ich verdrängte diese Tatsache mit Stolz und einem derben Humor, der mich in die Herzen der jungen Damen und an den Stammtisch der Herren brachte. Ich wollte der Beste sein, probierte mich an Kreide, Kohle, Pinsel. Lob und Aufträge blieben nicht fern. Freunde – so glaubte ich stets – besaß ich zahlreiche. Oberflächlich, verantwortungslos, ewig gut gelaunt, so lebte ich, und jeder aus meinem Umkreis liebte mich dafür.

Der Weiblichkeit nach wie vor zugeneigt, verführte ich die Frauen in den Nächten, während mich die Farben an den Tagen in Besitz nahmen. Letzteres oftmals bis zur Ohnmacht. Ich war besessen von der Malerei. Kein Alkohol berauschte mich mehr, keine Frau zog mich so in den Bann, kein Prunk begeisterte mich wie das Leben, das ich malte – ein Leben voller Farben, Kitsch, Verlogenheit und Liebe. Etwas anderes gab es für mich nicht und doch hatte ich nichts davon.

Ich komme nicht umhin zuzugeben, dass mein zurück erworbenes Selbstbewusstsein unerschütterlich blieb. Wie ein Felsen ragte ich zwischen meinen Kollegen auf. Aufträge kamen nunmehr vom Hochadel, ich sonnte mich in Erfolg und Ruhm und lebte ihn in meinen Bildern aus. Mäzene, die meine Kunst jahrelang finanzierten, fand ich schnell. Sie sandten mich in die Welt hinaus, wo Auftraggeber auf mein Können warteten. Nie scheute ich mich, Aufträge abzulehnen, wenn sie nicht meinem Lebensstil entsprachen. Die Leute bewunderten meine Selbstgefälligkeit.

Ich ging mit Pinsel und Kreide gleichermaßen perfekt um, kopierte die Werke großer Künstler, widmete mich der Landschaftsmalerei und fand Gefallen an der griechischen Mythologie.

Doch so wie ich das Leben ausnutzte, um geliebt zu werden, nutzte ich die Malerei nur aus, um Ruhm zu ernten. Ich fühlte mich nie befriedigt – oberflächliches Glück gepaart mit Einsamkeit.

Und so stürzte ich mich noch tiefer in die Kunst, obwohl dies kaum möglich zu sein schien. Mich ergriff eine Unruhe, wenn ich nicht Eins mit Farbe, Pinsel und Untergrund werden konnte, ich verzehrte mich danach, wenn es der Tag nicht zuließ, zu malen. So trug ich stets einen Skizzenblock bei mir, um die Zeit nicht ohne Malen verstreichen zu lassen. Ich verliebte mich in meine eigenen Bilder, in die frivolen Momente, die neckischen Spielchen, die Farben und die Details – besonders in diese.

Das Malen wurde nicht nur zu meinem Beruf, sondern zu meiner Profession und meiner täglichen Droge. Hätte ich meine Arme verloren, so hätte ich »auch mit dem Arsch gemalt«. Ich liebte die Frauen im Allgemeinen, aber die Malerei zählte zu meinem größten Schatz, für den ich alles aufgegeben hätte – sogar mich selbst.

Das Leben – eine junge Frau auf der Schaukel sitzend – verführte und hinterging gleichermaßen. Nur aus dem Höhenflug betrachtet, musste ich eines Tages abstürzen.

Ich heiratete 1769. Meine gute Frau Marie-Anne, die mir im September des gleichen Jahres eine Tochter schenkte.

Ich liebte meine Frau, aber nicht nur sie allein und niemals mit dieser Inbrunst, die mir die Malerei gab. Und ich liebte ihre Schwester. Marguerite. Sie war neun, als ich Marie-Anne ehelichte. Marguerite, so zierlich und bezaubernd. Meine Inspiration. Ich malte sie facettenreich über die Jahre hinweg, bot ihrer Erscheinung so viele Möglichkeiten ihr Antlitz zu verewigen. Ich erkannte in ihr nicht nur eine jungfräuliche Schönheit, sondern auch ein neues malerisches Talent, das es zu fördern galt.

Doch zunächst stürzte ich in ein tiefes Loch, in das mich die Comtesse du Barry stieß. Sie lehnte die vier Gemälde, die sie in Auftrag gegeben und denen ich viel Zeit und Schweiß gewidmet hatte, ab. Sie passten nicht mehr in ihr Etablissement. Unfassbar! Ein Dolch in meinem Herzen hätte mir nicht mehr Schmerzen zufügen können.

Ich spürte eine Müdigkeit in mir und eine Sehnsucht, die ich nicht in Farbe auszudrücken vermochte. Dieses bunte, sorgenlose Leben, die gesellschaftliche Verlogenheit begannen mich zu langweilen.

So suchte ich Ruhe in der Betrachtung an dem Schönsten was die Schöpfung zu Tage brachte: Der Frau, mal lesend, mal verspielt, betörend, beim Klavierspiel oder in der Musikstunde. Und ich malte die Sehnsucht, die mich ergriff, wenn ich an Zufriedenheit dachte, denn Zufriedenheit war es, die mir all die Jahre fehlte. Doch ich wusste nicht, wo sie zu finden war.

Anfang der siebziger Jahre reiste ich nach Italien und hoffte auf neue Aufträge und auf Besinnung. Meine Erlebnisse in Tivoli sind nicht von Belang. Doch auf dem Heimweg führte mein Weg nach Paris über Wien, Prag und Deutschland.

Deutschland. Ein Traum. Kraft und Hoffnung spürte ich, als meiner Bitte stattgegeben wurde und ich Schloss Sanssouci betreten durfte. Ein unbekanntes Kapitel in meinem Leben, von dem ich niemandem erzählte. Ich musste die Chance ergreifen, Antoine Watteaus Werk, welches Schloss Sanssouci in Teilen schmückte, zu betrachten, denn meine Bewunderung für seine Kunst war auch nach Jahren unerschütterlich geblieben. Seine Bildergalerie, die erste freistehende Galerie Europas, raubte mir den Atem.

Zum ersten Mal in meinem Leben fühlte ich mich wie ein Schmierfink unter all den von Meisterhand verzierten Decken.

Nicht allein der Anblick der Werke Antoine Watteaus war es, der mich beeindruckte.

Der preußische König Friedrich II hörte von meinem Besuch und lud mich zum Verweilen ein. Ich bekam eine Einladung zu seiner Tafelrunde, die bei Einbruch der Dämmerung handverlesen stattfand. Dabei gaben wir uns nicht nur den kulinarischen Früchten des Lebens hin, sondern der König und ich – wir führten fruchtbare Gespräche, philosophierten über Malerei, diskutieren über Kunst. Seine Untertanen nannten ihn den »ollen Fritz« – die einen liebten ihn, die anderen hassten ihn. Er teilte seine Nation. Doch ich erkannte in ihm nicht nur einen Liebhaber jeglicher Künste – seine Begeisterung über Watteaus Gemälde erschien mir noch größer als meine eigene Bewunderung, und er musizierte und skizzierte die Bauten selbst, die er errichten ließ. Er veranstaltete Lesungen und musikalische Abende – ich sah in ihm einen ehrlichen Mann, ein starken Feldherrn, er spielte nicht mit dem Leben, er kämpfte dafür – nicht für seines, sondern für das der anderen. Er vermittelte Toleranz und nicht die Arroganz eines reichen Königs. In nur wenigen Tagen zerstörte er mein selbstgefälliges Weltbild. Ich dankte es ihm mit stiller Verehrung.

Am Ende ersehnte ich einen Auftrag des bedeutsamen Mannes, der seit dem Tod seines Hofmalers Antoine Pesne mit keinem Nachfolger ausreichend zufrieden gewesen war. Doch meine Hoffnung starb bei meiner Abreise.

Mein Herz wog schwer, als ich Schloss Sanssouci verließ, von Leere und Frustration, auf der einen Seite – denn obwohl der König meine Kunst lobte, malen durfte ich ihn nicht – und auf der anderen, gefüllt mit neuen Erkenntnissen, die mich in meinem Lebenswandel und meiner Arbeit nachhaltig beeinflussen sollten. Später.

Bei meiner Rückkehr stellte ich schnell fest, dass die Umsetzung all des von König Friedrich gelehrten Großmutes mit meinem bisherigen Leben kaum vereinbar zu sein schien. Seine Worte hallten in meinen Erinnerungen, doch mit der Zeit wurde dieses Echo leise, dann still.

Ich versuchte mich auf das Häusliche zu konzentrieren, meine Frau, meine Tochter Henriette-Rosalie und auf meine Schwägerin Marguerite, die 1777 zu uns zog. Ich vergötterte sie wegen ihrer Schönheit und ihrer Anmut. Sie war das Gegenteil ihrer Schwester. Marie-Anne bewegte sich wie ein Bursche, sie lachte wie ein Mann und jegliche Weiblichkeiten lagen ihr fern. Nicht selten wurde ich gefragt, meist unter Einflüssen des Alkohols, warum ich sie ehelichte. Es war nicht ein Grund allein: Ich wusste, sie würde mir treu bleiben. Vor allem aber trug sie mein Kind aus. Obwohl ich als Egozentriker mein Ansehen genoss, verbot es mir der Anstand ein uneheliches Kind in die Welt setzen zu las-

sen. Mit meiner Heirat erkannte ich Henriette-Rosalie an und das bereute ich nie.
Im Gegensatz zu meiner Zuneigung und einer besonderen Förderung, die ich Marguerite zuteil kommen ließ. Schon bald sollte die schöne, begabte Schwester meiner Frau mir einen Tritt verpassen, der mir – bereits am Boden liegend – den Rest geben sollte. Ich hatte nichts anderes verdient. Vielleicht.
Nach vielen Jahren der Reisen und des oberflächlichen Lebens, das ich nicht nur malte, sondern selbst liebte, fand ich nur noch Lust daran, Familienszenen in Farbe zu verewigen. Sie vermitteln meine Standfestigkeit, dabei fühlte ich mich eingeengt, hilflos und unfähig meines Werkes.
1780 wurde mein Sohn geboren – gab es eine bessere Bestätigung für meine Häuslichkeit? Alexandre-Evariste wurde später Maler wie ich. Er sollte nie meine Berühmtheit erlangen, doch er erhielt etwas, das ich nie fand: Zufriedenheit und er liebte seine Frau wie kein anderer. Ich neidete es ihm, wir stritten viel. Seine Bilder erschienen mir nie gut genug, sein Talent nie ausreichend.
Verlogen führte ich mich auf, eifersüchtig und dumm. Ich bereue es ja, aber es war das Leben um mich herum, das mir nichts anderes zeigte als diese unbeschränkte Frivolität. Armut wurde verdrängt, Krieg, Nöte, Tote… niemand wollte Hässlichkeit sehen. Oberflächliche Leichtigkeit präsentierte ich immer wieder in meinen Bildern – ich konnte nicht anders.
Die Sonne wanderte, nur ich blieb stehen.
Aufträge, die ich dringend benötigte, um meine Familie zu ernähren und meinen Lebensstandard zu gewährleisten, blieben aus.
1788 starb meine liebe Tochter. Ich sehe sie noch mit ihrem ersten Liebesbrief in der Hand. Es sollte ihr einziger gewesen sein.
Ein Jahr später begann die Revolution – der Beginn von vielem, auch meines Endes. Die Kunst veränderte sich, doch statt das bewährte als das zu betrachten was es war – Meisterwerke einer Epo-

che – wurden meine Bilder verbannt. Der Streit mit meinem längst verlorenen Sohn eskalierte und er warf meine Kupferstiche ins Feuer. »Ich habe dem guten Geschmack ein Bandopfer dargebracht«, sagt er mit fester Überzeugung. Kritik, Schelte, alles ertrug ich; mein Sohn ahnte es nicht, er drehte den Dolch um, den mir einst die Comtesse du Barry ins Herz stieß. Marguerite wandte sich von mir ab, als ich sie um Geld bat.
Freunde? Ich fand sie nicht mehr.

Aus Verzweiflung übernahm ich die Verwaltung im Louvre und bezog dort eine Wohnung, gemeinsam mit meiner Frau. Bilder wollte niemand mehr von mir. Ich verlor meine Familie – meine Frau, meinen Sohn, meine Auftraggeber. Es war nicht der Tod, der sie mir nahm. Sondern mein Verhalten. Hätte ich noch Geld und mein Ansehen, wäre ich mit der Sonne gegangen, dann … ja dann gäbe es meine Kupferstiche noch, mein Sohn hätte mir vielleicht meine Strenge verziehen und Marguerite – meine Schöne – wäre mir weiterhin zugetan. Aber es gelang mir nur, mich und Marie-Anne, die mir stets die Treue gehalten hatte, zu ernähren. So lebten wir und trauerten dem vergangenen Ruhm und Reichtümern nach. Ich wurde zu einem verbitterten Künstler, für den sich niemand mehr interessierte. 1800 legte ich aus gesundheitlichen Gründen all meine Ämter nieder, durfte jedoch weiter im Louvre leben, bis mich 1805 Napoleon mit einer kleinen Rente der Wohnung verwies. Ich hatte ausgedient. Meine Bilder, meine gesellschaftliche Stellung, mein Wort – nutzlos.

Mein Name ist Jean-Honoré Fragonard. Ich starb in Armut am 22. August 1806 in Paris mit der Erkenntnis, dass ich Zufriedenheit nie empfunden habe – bis zu dem Moment, als mein letzter Atemzug aus meiner Lunge entwich.

Tanja Schurkus

Das himmlische Duftwasser

»Wer sagt es ihm?«

Keiner der anwesenden Herren antwortete. Aus dem Ostflügel des Schlosses hörte man das Hämmern auf Stein: Die Arbeiter nutzten das letzte Licht des Tages. In dem Kabinett chinois, in dem die vier Männer sich versammelt hatten, streckte sich ein Streifen blutrotes Sonnenlicht durch den Raum. Es fiel auf ein Ensemble von Porzellanfiguren – Hofdamen des Kaisers von China, die in der Bewegung erstarrt schienen, um zu beobachten, was in diesem Raum vor sich ging. Aus den Ecken krochen lange Schatten hervor wie nahendes Unheil.

»Herr von Metternich ... ?«

»Es sollte jemand sein, der an dem unglückseligen Ausflug nicht teilgenommen hat«, erwiderte der.

»Wir sollten nach Herrn von Plettenkopf schicken.«

»Seine Durchlaucht hat geäußert, dass er ihn nicht zu sehen wünscht.«

»Aber von Plettenkopf war an diesem Vorfall nicht beteiligt.«

»Eben das macht Seine Durchlaucht ihm zum Vorwurf:«, anwortete Metternich. »Er hat es versäumt, die Tragödie zu verhindern.«

»Das könnte man uns allen zum Vorwurf machen!«

Nach dieser Bemerkung verfiel die Versammlung in Schweigen, das wie zum Hohn von dem lieblichen Klang eines Stundenschlages begleitet wurde.

»Dann werde ich zu ihm gehen«, sagte von Harrach nun. »Trotz aller Bestürzung wird Seine Durchlaucht nicht aus dem Überbringer den Schuldigen machen.«

Doch als von Harrach in die Privatgemächer des Fürsten hinüber ging, zweifelte er an seinen eigenen Worten. Nachdem der Kurfürst die Meldung von dem Ehrenhändel vor den Toren Brühls erhalten hatte, brach er die Reiherbeize sofort ab und war nach Schloss Augustusburg zurückgekehrt. Er verlangte vollständige Unterrichtung über den Vorfall und hatte sich in seine Gemächer zurückgezogen.

Ein Kammerdiener öffnete nun einen Flügel der Tür zum Appartment des Fürsten; von Harrach gab dem Diener mit einem kurzen Kopfschütteln zu verstehen, dass man ihn nicht namentlich melden sollte, dann trat er in den Raum, der noch ganz von der Glut der Abendsonne erfüllt war. Der Kurfürst war immer noch mit dem dunkelblauen Jagdrock bekleidet. Er saß an seinem Schreibtisch und führte die Feder rasch über das Papier.

»Er möge sprechen«, sagte Clemens August ohne aufzublicken.

»Euer Durchlaucht: Es ist meine traurige Pflicht Euch mitzuteilen, dass der Graf von Roll der Verletzung erlag, die ihm im Verlaufe des Degenduells mit dem Herrn von Beverförde zugefügt worden ist. Ein Stich ging ihm geradewegs in den Herzkasten.«

»Beverförde hat ihn ermordet!«

»Euer Durchlaucht: Nach Bekunden der Sekundanten ...«

»Ich habe diesen Ehrenhändel untersagt! Also gibt es keine Sekundanten, sondern nur Helfer einer Bluttat!«

Die heftigen Worte erschreckten von Harrach. Er wusste: Wenn er jetzt nicht klug auf den Fürsten einwirkte, würden alle Beteiligten ihre Titel und Besitztümer verlieren.

»Euer Durchlaucht: Alle Sekundanten versichern, dass die beiden Herren sich zu einer Aussprache absonderten. Wie es dazu kam, dass dann doch die Waffen sprachen, vermag keiner zu sagen.«

»Wo ist Beverförde?«

»Hat sich nach Köln begeben.«

»Ich werde alle seine Güter einziehen. Er darf mein Land nie mehr betreten.« Der Fürst nahm ein Schnupftuch auf, das vor ihm auf dem Tisch lag und wedelte einige Male leicht damit. Von Harrach nahm einen frischen Citrusduft wahr. »Wir verfügen, dass man unseren geschätzten Freund, den man uns auf so grausame Weise genommen hat, am morgigen 6. Mai im Jahre des Herren 1733 in der Pfarrkirche zu Brühl christiano more beisetzt. Wir verfügen ferner, dass man den Leichnam des Gemordeten mit dem eau admirable des Fratelli Farina reinigt. Auch alles in der Grablege soll damit besprengt werden. Der Hofmarmelier Morneau soll sich einfinden, er soll ein Grabepitaph aus schwarzem Marmor fertigen.«
Für einen Moment schien der Kurfürst in Gedanken versunken. »Ein Bote soll mit diesem Brief heute noch zu der Seherin von Kaufbeuren aufbrechen. Wir müssen uns vergewissern, dass unser geliebter Freund, der ohne Absolution aus der Welt schied, den Weg in die Seligkeit findet.«
»Euer Durchlaucht: Der Arzt, der den Leichnam geschaut hat, fand ein Bußgewand unter dem Jagdrock«, sagte von Harrach. Jetzt erst blickte der Fürst ihn an und schien doch durch ihn hindurch zu sehen, als wollte er das Bild des Toten im Büßergewand heraufbeschwören.
»Seine Frömmigkeit war uns allen ein Vorbild«, bekräftigte von Harrach. Der Fürst hatte das Schnupftuch an seine Nase geführt, und von Harrach hörte, wie er die Luft einsog. Dann sagte Clemens August mit gekräftigter Stimme: »Er trägt mir Sorge dafür, dass alle meine Anordnungen sofort ausgeführt werden. Und er wird selbst nach Köln reiten und sich von Monsieur Farina ein eau admirable aus den besten Essenzen aushändigen lassen!«
Von Harrach zog sich mit einer Verbeugung zurück.

Johann Maria Farina schwenkte den Kolben und sog kurz die Luft ein, die durch die Bewegung aus dem Glasgefäß entwich.

Nein, mit dieser Bergamotte-Essenz war er nicht zufrieden. Er hatte sie nun schon in verschiedenen Anteilen mit Ethanol angesetzt, aber es blieb ein herber Kitzel, der sich bei der Essenz der Rückstellprobe nicht bildete. Er sah in den Begleitbrief, den er von all seinen Lieferanten verlangte. Aber dieser hier enthielt nicht die gewünschten Auskünfte. Über den Anbau der Bergamotte wurde nur gesagt, dass sie an einem sonnigen Hang gezogen worden war und »zur rechten Zeit« geerntet worden sei. Kein Wort über die Bewässerung, den Zeitpunkt und die Dauer der Blüte, den Beginn der Ernte, die anschließende Lagerung. Johann Maria Farina bevorzugte die Bergamotte aus seinem Geburtsland Italien. Doch er musste zugeben, dass die italienischen Bauern weniger Sorgfalt auf die Dokumentation ihrer Arbeit legten, als die französischen. Beide argumentierten immerzu mit der Besonderheit einer Ernte. Sie begriffen nicht, dass er keine veränderten Essenzen wollte; er wollte Essenzen, die im Zusammenspiel den immer selben Duft bildeten – in allen Noten. Es war ein Duft für den herrschenden Stand, und jede Dynastie, ob Grafenfamilie oder Kaiserhaus wünschte sich Fortbestand. Seine Komposition sollte diesem Wunsch einen Duft geben, eine Wirklichkeit für die Sinne. Zwar war die Wahrscheinlichkeit gering, dass einer seiner Kunden so wie er selbst mit einer absoluten Nase begabt war und den Unterschied in den Ernten würde heraus riechen können, aber es war möglich. Nein, er würde die Kopfnote seines eau admirable nicht mit einer Essenz ansetzen, die solche Unterschiede zu der Rückstellprobe aufwies.

Noch einmal schwenkte er den Kolben, diesmal aber nicht um zu riechen sondern in Nachdenklichkeit. Er würde sich Proben aus Frankreich kommen lassen, das würde einige Wochen dauern. Er hätte schon im vergangenen Monat ein neues Fass ansetzen müssen, sonst kam er in zwei Jahren wieder in Bedrängnis, so wie jetzt: Das Aqua Mirabilis aus dem »dritten Apostel« war aufgebraucht, das aus dem vierten hatte noch nicht sein ganzes Aroma entfaltet. Farina schob es auf den langen Winter und die Kälte: Die Poren im Zedernholz des Fasses waren zu lange verschlossen gewesen. Wieder einmal erwog er die Anschaffung eines weiteren Fasses, aber er glaubte an die segensreiche Zahl zwölf, daher trugen die Fässer die Bezeichnung »die zwölf Apostel«. Ein weiteres Fass hätte zu der unglückseligen Zahl Dreizehn geführt, und für ein vierzehntes Fass fehlte der Platz. Sein Bruder hatte ihm hier in diesem Haus am Gülichplatz, wo er mit Galanteriewaren handelte, einen Lagerraum gegeben, aber er versäumte nicht zu erwähnen, dass die Herstellung des Aqua Mirabilis meist mehr Geld kostete, als die Tinktur einbrachte .

Das eintretende Dienstmädchen holte ihn aus den Gedanken.
»Da ist ein Edelmann vom Hofe des Kurfürsten eingetroffen und wünscht Monsieur zu sprechen.« Sie schloss mit einem kecken Knicks und einem eben solchen Lächeln. Farina war noch im Morgenrock und trug die Nachtmütze.
»Ein Edelmann? Um diese Uhrzeit?« Farina sah zu den Fenstern, die auf den Gülichplatz blickten. Weiches Morgenlicht fiel herein. »So früh – das ist ungewöhnlich. Nun, führe ihn in den Salon. Josef soll kandierte Früchte servieren und einen Portwein . Halt, nein, er soll mir beim Ankleiden helfen, du wirst servieren!«
Farina hatte dem Kurfürsten Clemens August als Ostergruß eine Rosolie mit eau admirable übersendet.
Wenn er es benutzt, ist mir um die Zukunft nicht bange, dachte Farina. Und nur deswegen konnte man ihn aufsuchen, aber warum zu so früher Stunde?
Der Graf von Harrach zeigte keine Neigung zum Parlieren oder zum Schmaus, er erbat sich einen leichten Wein, weil er vom schnellen Ritt durstig war, und berichtete in knappen Worten vom Duelltod des Grafen von Roll. Als Farina erfuhr, dass man sein

eau admirable zum Beduften des Leichnams wünschte, wusste er nicht, ob das eine Ehrung für seine Kreation war. Zweifellos wollte der Kurfürst seinem hingeschiedenen Freund etwas Kostbares an den Leib geben. Aber was würde es für den Ruf seines Wassers bedeutet, das er als Inbegriff des Lebens und der Leichtigkeit, der Frische und der Fröhlichkeit entworfen hatte? Doch er erkannte in diesem Moment, dass der Kurfürst eben diese Botschaft seines Duftes verstanden hatte: Es war ein Duft des ewigen Morgens, des Gartens Eden.

»Ich werde Euer Gnaden sogleich eine Rosolie verpacken lassen«, sagte Farina mit einer Verbeugung zu von Harrach.

»Es werden zwei Rosolien benötigt.«

Aber nur noch eine lag in der Präsentation des Musterschranks. Es war die letzte aus der Abfüllung des »dritten Apostels«. Sein Bruder musste noch zwei Rosolien in der Auslage der Galanterieware haben, also erbat sich Farina einen Augenblick und eilte in den Laden hinunter. Auf Tischchen, Theken und in Regalen lagen hier Seidenstrümpfe, Damastbänder, silberne Moschuskugeln und Flohfallen, Schuhschnallen, dort standen Puderdosen, hier reihten sich Perücken – alles, was man in Köln unter dem Begriff »französisch Kram« kannte und bei Farina kaufte. Nur die Rosolien sah er nicht. Seine Schwester Anna kam hinzu, sie war angekleidet, aber sichtlich verschlafen.

»Es müssen hier noch zwei Rosolien mit eau admirable sein!«

»Die habe ich gestern dem Comte de Chavigny in Kommission mitgegeben.«

»Wir können es uns im Augenblick nicht leisten, Dinge in Kommission fortzugeben!«

»Aber du hast gesagt, bei Herren von Stand ...«

»Ja! Aber nun verlangt der Kurfürst nach meinem Wasser und ich habe kein gereiftes!« Farina kratzte sich an der Naht der Perücke. »Weißt du, wo er abgestiegen ist, der Comte de Chavigny?«

»Im Kaiserlichen Hof unten am Rhein.«
»Dann suchst du ihn dort auf und bittest ihn, eine Rosolie zurückzugeben. Wenn er hört, dass es für eine Durchlaucht den Kurfürsten ist, wird er nichts dagegen haben. Aber du musst selbst gehen, hörst du? Schick ihm kein Dienstmädchen!«
Anna hatte immer wieder Grund, sich über die Anwandlungen ihres Bruders zu wundern. Er lebte in seiner eigenen Welt der Gerüche und der Kompositionen, und es hatte keinen Sinn, mit ihm über irgend etwas zu debattieren, was das eau admirable betraf. Also legte sie sich ein Wolltuch um und machte sich auf den Weg. Unter den Bäumen am Gülichplatz war das Pferd des Edelmannes angebunden. Der Einkauf von Galanterieware gehörte zu den Vergnügungen des aristokratischen Lebenswandels und die begannen selten vor der Mittagszeit – was hatte diesen Herrn wohl so früh hergeführt? Anna bekreuzigte sich wie immer beim Anblick des in Bronze gegossenen Kopfes des Bürgers Gülich. Sein Haus hatte ehedem an diesem Platz gestanden, aber weil er gegen den Rat der Stadt aufbegehrt hatte, war er geköpft worden und man hatte dieses Schandmal errichtet. Als ihre Brüder vor zehn Jahren beschlossen, dieses Haus gegenüber dem Gülichplatz zu kaufen, hatte sie sich gesträubt. Sie fürchtete, dass es eine Unheil bringende Adresse ein könnte. Die Schulden, die sich in den Geschäftsbüchern des Hauses ansammelten, bestätigten sie darin. Und auch dieser Tag schien glücklos zu verlaufen, denn als sie im Kaiserlichen Hof vorsprach, erfuhr sie, dass der Comte de Chavigny abgereist war.
»Zu früher Stunden ist er aufgebrochen«, erklärte der Maitre, der es nicht einmal für nötig gehalten hatte, seine Perücke aufzusetzen, um sie zu empfangen. Bisweilen ließen es sich die Bürger der Stadt nicht nehmen, ihre Vorrechte gegenüber den zugewanderten Beisassen, zu denen die Farinas gehörten, auf diese Weise deutlich zu machen. »Der Comte empfing noch in der Nacht einen

Boten aus Brühl und ließ danach sofort anspannen. Auch ein weiterer hoher Herr sprach bei ihm vor. Er war sehr in Eile und wollte seinen Namen nicht nennen.« Der Maitre sagte es mit einer Gewichtigkeit, als wäre er in die Angelegenheiten der hohen Kreise eingeweiht.

»Hat der Comte kein Billett hinterlassen?«, fragte Anna. »Oder eine Zahlungsanweisung?«

Der Maitre zeigte ein süffisantes Lächeln. »Bedaure Madame, wenn der Comte noch Verpflichtungen gegenüber Ihrem Haus hatte, dann sind sie mit ihm abgereist.«

Kein Geld und keine Rosolie! Anna dachte angestrengt nach, als sie an den Rheinfischern vorüberging, die den ersten Fang des Tages aus dem Wasser zogen. Hundertfach zappelte es silbrig auf dem Kiesstrand.

Dem Ratsherrn Hardefuß hatte sie vor zwei Tagen eine Rosolie verkauft; ihr Bruder war der Überzeugung, dass der Ratsherr von den anderen Kaufleuten beauftragt worden war, um der Zusammensetzung des eau admirable auf die Spur zu kommen. Aber er hatte bare Münze auf den Tisch gelegt. Wie konnte sie Hardefuß dazu bringen, ihr die Rosolie wieder auszuhändigen? – indem sie ihm sagte, was er wissen wollte. Seit ihr Bruder das Rezept von Giovanni Paolo de Feminis erhalten hatte, drehte sich im Haus alles um Melissen- ,Veilchen- , Pfefferminzblüten, um Campher, Wermutkraut und Gewürznelken, um Zitronen-, Bergamott- und Neroliöl. Das eigentliche Geheimnis lag aber in der Destillation des Esprit, in der Zusammensetzung und der Herkunft der Zutaten. Und das würde sie nicht preis geben. Es würde Hardefuß ganz recht geschehen, wenn er beim Betrügen betrogen wurde und feststellen musste, dass er mit der Zutatenliste nichts anfangen konnte. Immer wieder hatte er im Rat die »Angelegenheit Farina« zur Sprache gebracht, weil der Wasserzettel für das eau admirable auch gesundheitsfördernde Eigenschaften auswies – und Kaufleuten war es verboten, mit Arzneien zu handeln. Ja, dem Hardefuß und dem ganzen Rat gehörte ein eigener Wasserzettel geschrieben mit dem Namen des Kurfürsten als Abnehmer für das Mirabilis ganz oben an.

»Was Ihr uns da berichtet, verehrter Comte de Chavigny, ist erschütternd«, sagte die junge Erzherzogin. Sie saß sehr aufrecht in einem blau bespannten Sessel, ihr kunstvoll aufgestecktes blondes Haar betonte ihre gerade Gestalt. Sie hatte die hohe Stirn der Habsburger, nicht aber die hängende Unterlippe, die den Schmoll auszudrücken schien, von dem das Haus Habsburg seit dem Verlust der spanischen Erblande befallen war. Der Comte fand, dass Maria Theresia an Liebreiz gewonnen hatte, seit er sie zuletzt gesehen hatte. An einigen Höfen begann man sich für die Sechzehnjährige zu interessieren. Doch wie man hörte, hatte sie ihr Herz an Franz von Lothringen verloren und drängte ihren Vater um die Erlaubnis zum Eheschluss. Es gab darüber kokettes Gerede, denn der Lothringer besaß wenig Begabungen, aber ein ansprechendes Äußeres.

»Die beiden Herren sind aneinander geraten wegen eines unansehnlichen Pferdes?«, fragte sie ungläubig. In ihrem Französisch schwangen die gedehnten Laute der österreichischen Sprache.

»So ist es, Euer Hoheit. Der Graf von Roll fühlte sich inkommodiert durch ein polnisches Halbblut, das – wie er glaubte – auf Befehl des Herrn von Beverförde in seinen Stall gebracht worden war. Beverförde versicherte mir aber, dass er nie einen solchen Befehl gegeben hat. Als er mich in Köln aufsuchte, erklärte er mir auch, dass der Graf von Roll unbedacht in seinen Degen gestolpert sei.«

»Wo ist von Beverförde jetzt?«

»Er befindet sich auf der Flucht vor dem ungerechten Zorn des Kurfürsten, Euer Hoheit. Ich weiß, dass die Angelegenheiten des Hauses Habsburg die Unterstützung durch den Kurfürsten von Köln erfordern, aber ich bin mir sicher, dass Ihr würdiges Haus sich nicht zum Handlanger in dieser Verfolgung macht – auch wenn Sie in von Roll einen wichtigen Fürsprecher verloren haben.«

Schlawiner, dachte die Erzherzogin.

»Diese Entscheidung wird mein Vater treffen.« Immer wieder wurde ihr Blick von einem Tablett angezogen, das der Diener des Comtes hielt. Es war mit einem dünnen Seidentuch abgedeckt, aber sie konnte erkennen, dass darunter eine kleine Flasche lag.

»Dieser Vorfall sollte uns eine Lehre sein:«, fuhr der Comte fort. »Dass zwei würdige Herren wegen eines polnischen Missverständnisses aneinander geraten sind, und nun ist einer tot. Ich bin mir sicher, dass Frankreich und das Haus Habsburg zu einer Einigung in den Fragen der polnischen Thronfolge kommen.«

»Hinter allen Fragen steht die Frage der Thronfolge im Reich meines Vaters«, sagte Maria Theresia mit Bestimmtheit. Die Pragmatische Sanktion hatte sie zur Anwärterin auf diesen Thron bestimmt, da ihr Vater keine männlichen Nachkommen hatte.

»Die Diplomatie ist eine Blume, die durch Kompromisse erblüht«, sagte de Chavigny. »Die Anerkennung der Pragmatischen Sanktion muss Euer Hoheit sehr viel mehr bedeuten als die Thronfolge in Polen. Überlassen Sie diese Frage Frankreich.«

»Was mir vor allem am Herzen liegt, ist das Wohl des Hauses Habsburg.« Und dabei sprach sie wie dessen Herrscherin. »Mein Vater bestimmt die Ziele dieses Hauses und dazu gehören Polen *und* die Pragmatische Sanktion.«

»Euer Hoheit ist noch sehr jung. Ich würde mir wünschen, dass Sie nicht durch einen Krieg lernen muss, dass man ein Land nicht gegen den Willen der Menschen beherrschen kann, die dort leben.« Der Comte verbeugte sich. »Erlauben Sie mir, Euch ein Geschenk der Wertschätzung zu überreichen.« Er gab dem Diener einen Wink und der hob das Seidentuch. »Ich habe mir erlaubt, das Siegel zu lösen und den Kork zu öffnen.«

»Ist es ein Parfum?« Es fiel Maria Theresia schwer, ihre Neugier zu verbergen. Sie nickte einer Hofdame zu, die das Fläschchen nahm.
»Etwas viel Ungewöhnlicheres! Ein unvergleichlicher Duft, so außergewöhnlich wie Euer Hoheit!«
Die Hofdame gab einige Tropfen auf das Seidentuch, und schon als Maria Theresia es entgegennahm, bezauberte sie der frische Duft von Zitrusfrüchten und Rosenblüten.
»Incroyable!«, rief sie begeistert aus. Sie tupfte mit dem Tuch ihren Hals. »Comte de Chavigny, Ihr habt uns ein wundervolles Geschenk gemacht! Woher habt Ihr diese Komposition?«
»Ein Italiener in Köln stellt es her. Wenn Ihr erlaubt, werde ich Eurem Kammerherrn die Adresse geben!«
Als der Comte sich zurückgezogen hatte, wandte sich die Erzherzogin an ihre Vertraute, die Gräfin von Fuchs: »Das können grad nur die Franzosen: Einem a Kriegserklärung überbringen mit solch schönem Duft.« Sie hielt sich das Tuch unter die Nase. »So würden wir gern regieren: Es leicht nehmen, auch wenn man's schwer hat!«
Als der Comte die Vorräume zum Audienzsaal durchquert hatte, sagte er zu seinem Diener: »Schreib er noch heute an den Fratelli Farina, vis à vis la Place Juliers: Ich brauche zwei weitere Rosolien von seinem ...« Er überlegte einen Moment und drehte dabei die Hand, dass die Spitze an seinem Ärmel flatterte und rief aus: »von seinem Eau de Cologne. Wir reisen im nächsten Monat nach Preußen. Ob dieser Soldatenstiefel von einem König eine Nase für solch einen Duft hat? Nun, sein Sohn, heißt es, sei ein Feingeist.« Chavigny wandte sich noch einmal zu der Zimmerflucht um. »Wir haben eben mit der künftigen Herrscherin von Österreich gesprochen. Ich weiß aber nicht, wie wir in Zukunft Politik an diesen Höfen machen sollen, an denen es keine Mätressen gibt.« Vom Palastdiener nahm er seinen Hut entgegen und ging lachend davon.

Auf den Tag genau vor einem Jahr hatte von Harrach so im Arbeitszimmer des Kurfürsten gestanden. Nur war Clemens August diesmal noch im Nachtrock, nicht im Jagdgewand. Von Harrach hatte es übernommen, den Befund der Graböffnung vorzutragen. Zur Verwunderung aller hatte der Kurfürst darauf bestanden, dass man – ein Jahr nach dem Duelltod des Grafen von Roll – die Grablege öffnete und den Leichnam einer Beschauung unterzog. Im gesamten zurückliegenden Jahr hatte er einen sehr regen Briefwechsel mit Creszentia von Kaufbeuren unterhalten, jener Nonne, die für ihre seherischen Fähigkeiten bekannt war. Immer wieder hatte sie Clemens August versichert, dass sein getöteter Freund, trotz der unchristlichen Umstände seines Ablebens, den Weg in die Seligkeit gefunden hätte. Und sie hatte ihn wissen lassen, dass es dafür Zeichen gäbe, die jeder gläubige Mensch zu deuten wüsste. Also hatte der Kurfürst die Graböffnung befohlen, nicht ohne sich zuvor bei Creszentia zu vergewissern, dass damit kein Gebot der Kirche verletzt würde. Der Kurfürst selbst war der Öffnung fern geblieben, hatte aber verlangt, dass man ihm umgehend davon berichtete.

Von Harrach hätte sich der Aufgabe gerne entzogen; die geweihte Ruhestätte eines Christen zu stören widerstrebte ihm, auch wenn eine fromme Frau wie Creszentia von Kaufbeuren keine Bedenken hegte. Der Widerwille gegen den Anblick eines Toten war dem Menschen nicht von ungefähr mit auf den Weg gegeben. Es gab nichts Abstoßenderes als den Verfall und die Verwesung an einem Wesen zu sehen, von dem es hieß, es sei das Ebenbild Gottes. Nicht die Kreaturen auf den Höllenbildern, nicht die Ungeheuer der Weltmeere oder die Darstellungen von Schreckgestalten aus Sagen und Legenden konnten die Seele so tief erschüttern wie etwas, das einmal ein Mensch voll Tatkraft, voll Gefühl und Eigenart gewesen war und dem eben nun diese Anzeichen der Lebendigkeit fehlten: Dem die Augen aus den Höhlen gefault waren,

dem das Haar lang und bleich geworden war, dessen Zähne blank lagen, dem Getier Löcher in die Wangen gefressen hatte, den ein Gestank umflorte, als wäre allen Leibern die Verdammnis beschieden.
Doch im Grab des Grafen von Roll erwartete sie etwas anderes; von Harrach schilderte es dem Kurfürsten, dessen Gesicht sich zusehends entspannte. Der Blick, der oft sorgenvoll nach innen gewandt schien, wurde klar und freudig. Clemens August hörte schweigend zu, bis von Harrach geendet hatte. Dann wiederholte er die wichtigsten Worte:
»Sein Leib zeigte keine Spur von Verwesung?«
»Nein, Euer Durchlaucht. Der Graf von Roll wirkte so, als habe man ihn eben erst in den Sarkophag gebettet.«
»Das ist das Zeichen, von dem die Seherin sprach!«
Alle Anwesenden gaben durch ihr Schweigen Zustimmung.
»Noch nicht einmal der Geruch der Verwesung?«
»Nein, Euer Durchlaucht. Der Grablege entströmte ein Wohlgeruch, wie ein Windhauch von Zitrusblüten .«
»Wie nach einem Frühlingsregen in Italien«, ergänzte Clemens August versonnen. »Von Harrach: Er hat uns die freudigste Nachricht gebracht, die wir im zurückliegenden Jahr erhalten haben! Doch nicht ihm alleine gebührt der Dank. Noch heute wird ein Bote Monsieur Farina in Köln aufsuchen: Sein eau admirable verdient diesen Namen! Wir wünschen, dass er uns von nun an jeden Monat mit einer Rosolie seiner Komposition beliefert!« Clemens August erhob sich und nahm die Nachtmütze ab.
»Er hat eine Duftspur des Himmels in unser Leben gebracht.«

Anzumerken sei noch: Im Jahr 1738 suchte eine Delegation des Wiener Hofes Johann Maria Farina in Köln auf: Sie erwarb 36 Rosolien des himmlischen Duftwassers Aqua Mirabilis, um damit die Reichsfürsten zu beschenken, die die Pragmatische Sanktion unterstützen sollten. Zu den Umworbenen gehörte auch Clemens August. Sein Name erscheint seit 1736 in den Geschäftsbüchern Farinas. Dass er den im Duell getöteten Grafen von Roll mit eau admirable beduften ließ, ist nicht eindeutig nachgewiesen. Überliefert ist aber jedenfalls, dass man den Grafen ein Jahr nach seiner Beisetzung unverwest in dem Sarkophag vorfand. Eau admirable, das nun Eau de Cologne hieß, wurde zum vorherrschenden Duft an den europäischen Höfen: Die Kaiserin Maria Theresia nutzte es ebenso wie Friedrich der Große, Voltaire und die Zarin Katharina die Große.

Sabine Wassermann

Der Kastrat und die Tänzerin

Der Ton füllte jeden Winkel des Zimmers und jeden Winkel im Herzen der Zuhörer. Er schwoll an, schraubte sich in irrwitzigen Schleifen und Sprüngen in den Himmel. Verhielt dort, als wolle er nie mehr herabkehren, weil er in überirdische Sphären gehörte, nicht ins irdische Jammertal. Ewigkeiten vergingen. Das Seidenkleid der Ballerina raschelte, während sie ihre Pirouetten drehte. Eine Dame seufzte und sackte nieder. Der Ton verebbte, schlug letzte Kapriolen, wurde langsam und zuletzt zum Hauch, dass man nicht sicher war, ob er noch irgendwo in der Ferne schwebte oder in der Erinnerung.

»Es gibt einen Gott, und es gibt einen Farinelli!«

Der Ruf ließ ihn nicht mit der Wimper zucken; zu oft hatte er ihn gehört. Er ließ sein berühmtes *mezza di voce* ausklingen. Dann war es still, die Tänzerin verharrte mit gekreuzten Füßen und ausgebreiteten Armen. Er kehrte zurück in die Wirklichkeit, zurück an den Kaiserlichen Hof zu Wien, zurück in diesen lichtdurchfluteten Wintergarten der Hofburg, wo sich der Kaiser höchstselbst, die Hoheiten und der auf der Burg weilende Hochadel versammelt hatten, um ihn, Carlo Broschi, genannt Farinelli, den größten Sänger auf Gottes Erde, singen zu hören. Singen! Ein Wort, so sagte man, das seinen Klängen nicht gerecht wurde. Ein Wunder vielmehr, eine Offenbarung – derlei Lob begleitete ihn, seit er vor zehn Jahren als blutjunger Bursche die Welt der Oper betreten hatte.

Zwei scharlachrot gewandete Kammerdiener halfen der Dame mit Riechsalz auf. Sie wankte zu einem Kanapee und ließ sich mit beseligtem Lächeln nieder. Die anderen Mademoiselles kicherten und seufzten theatralisch, steckten die mit turmhohen Perücken veredelten Häupter zusammen und schenkten ihm, dem hochgewachsenen Engelsgleichen, schmachtende Blicke aus den Augenwinkeln. Auf ihren gepuderten Dekolletés prangten Medaillons mit seinem Porträt. Die Männer gaben sich pragmatischer, sie riefen »Bravo!« und spendeten frenetischen Beifall. Carlo legte eine Hand auf den mächtigen Brustkorb und verneigte sich. Ihn durchflutete diese seltsame und erregende Mischung aus Stolz und der demütigen Erkenntnis, dass er doch nur gesungen hatte. Nichts weiter.

Niemand schenkte der kleinen Tänzerin Beachtung. Sie schien es auch nicht zu erwarten, denn ihr Blick ruhte auf ihm. Doch nicht auf die übliche gierig-bewundernde Art. Eher, so schien es ihm, freute sie sich, seinem Gesang mit ihren schmetterlingsgleichen Sprüngen und Arabesquen gerecht geworden zu sein. Dankbar lächelnd nickte er ihr zu. *Schmetterling*. Es musste an ihrer grazilen Gestalt liegen, dass ihm dieses Wort in den Sinn kam. An der durchscheinenden Tönung ihrer ungepuderten Haut. Noch war ihr Atem nicht gänzlich zurückgekehrt; heftig drückte sich ihr Busen gegen ihre Schnürbrust.

»Signor Broschi!«

Kein Geringerer als der Cäsar blickte zu ihm auf. Carlo verneigte sich dreimal und ging auf die Knie. Die Hand Seiner Majestät, Karls VI., klopfte ihm auf die Schulter.

»Hoch mit Euch, von Gott so reich Beschenkter. Verratet Ihr mir das berühmte Geheimnis, ob Ihr während dieses Tons heimlich Atem holt oder nicht? In dieser Zeit könnte man ja eine Postkutsche losschicken, und sie käme an!« Die Umstehenden lachten über diese Albernheit. »Vollkommen, perlend, aufregend wie immer. Ihr übertrefft an Langsamkeit den Langsamsten und an Schnelligkeit den Schnellsten. Eure Qualitäten übersteigen alles, was man sich erhoffen kann. Aber gestattet mir ein offenes Wort: Ihr habt Eure Gaben noch nicht voll ausgeschöpft.«

Carlo wartete überrascht. Wann hatte er zuletzt *Kritik* gehört? Als er noch kindlicher Schüler von Porpora gewesen war, seines Zeichens Kaiserlicher Hofkomponist, der nur wenige Schritte entfernt lauschte, neben ihm der gute Freund Metastasio, seines Zeichens begnadeter Librettist. Sie wirkten so überrascht wie er.
Karl hakte sich bei ihm unter und führte ihn einige Schritte aus dem Mittelpunkt der Aufmerksamkeit heraus. Der Parfumduft seiner löwengleichen Allongeperücke stieg Carlo in die Nase. »Ihr gefallt Euch darin, Eure Virtuosität zu zeigen. Eure Stimme über die allein Euch verfügbaren drei Oktaven zu jagen, sie zu kolorieren, mit allerlei Trillern und Spektakeln zu versehen. Diese Töne, die nie enden, sie überraschen doch nur. Aber Ihr solltet menschliche Schritte gehen, nicht die eines Riesen.«
»Ich verstehe nicht recht, Euer Kaiserliche Majestät.«
»Nur der Mensch vermag das Herz eines anderen Menschen zu erreichen. Die Mademoiselle dort, die habt Ihr mit Eurer erotischen Stimme in die Ohnmacht gejagt. Aber habt Ihr ihr Herz erreicht? Ihr, der Ihr als liebender Prinz Arbaces soeben auftratet?«
Carlo wusste nichts zu erwidern.

Prinz Arbaces schleicht durch die königlichen Gärten von Susa, um Mandane, die Geliebte, heimlich zu treffen. Ihr Vater, Perserkönig Xerxes, hat dies verboten, denn Arbaces ist von zu geringem Stand.
An seine Paraderolle musste Carlo denken, als er durch den Garten der Hofburg spazierte. Also vermochte er diese von Abbé Metastasio auf den hochgewachsenen Leib geschriebene Rolle nicht auszufüllen? Zorn flackerte auf und schwand sofort wieder, denn er war kein impulsiver Mensch. Was blieb, war Ratlosigkeit.
Die Theater waren verrückt nach seiner Stimme, zahlten Unsummen, ruinierten sich um eines Auftrittes willen. Könige überschütteten ihn mit kostbaren Geschenken. Szenen wie jene, als die adelige Dame in Ohnmacht gefallen war, hatte er zu Hunder-

ten gesehen, und Blumensträuße und Strumpfbänder fand er nach seinen Auftritten zuhauf in seinen Gemächern.
Aber war es nicht auch so, dass das Auditorium bei den Opernaufführungen oft nicht mit Leib und Seele bei der Sache war? Man schwatzte, ließ sich Bier, Orangen und Pralinés bringen, lorgnettierte einander und schäkerte mit den Balletttänzerinnen. Besonders übel gebärdete sich der Adel – da zog man sich in Boudoirs hinter den Logen zurück, zum Glücksspiel und weit delikateren Dingen. O nein, nicht, wenn er sang! Aber sollte er nicht fähig sein, einen Zauber über sie zu werfen, der sie von Anfang bis Ende atemlos ausharren ließ? War es das, was der Kaiser gemeint hatte?
Der Kiesweg führte ihn an einem Pavillon vorbei. Saß dort nicht die Ballerina mit einem Herrn? Seite an Seite, sich leicht zugewandt, in ein Gespräch vertieft? Trotz der spätwinterlichen Kälte war sein bordeauxfarbenes Justaucorps bis zur Taille offen; sein Spitzenjabot darüber glänzte in strahlendem Weiß. Ein Cavaliere auf Eroberung. Sie blickten auf, als er vorüber ging. Carlo hob zum Gruß seinen Dreispitz und schritt schnell weiter. Aber er brachte ihr Bild nicht aus dem Kopf, und ihm war, als sei er nur deshalb hier lustwandelt, um sie zu finden, ganz wie sein persisches Pendant. War es nicht sein Geschick, an der Liebe vorbeilaufen zu müssen? Träumer!, schalt er sich.
Hinter sich vernahm er Schritte auf dem knirschenden Kies. Er wandte sich um. Da kam sie auf ihn zu, die pelzverbrämte Robe gerafft, die Wangen von der Anstrengung zart gerötet. Die aufgesteckten Haare trug sie à la nature, und so war ihr schmales Gesicht von gelösten Strähnen eingerahmt. Wie Atalante, die im Wettlauf mit Hippomenes nicht siegen kann, dachte er entzückt. Auch sie blieb stehen. Ihr Knicks war so verlegen wie zuvor sein stummer Gruß.
»Verzeiht, Signor Farinelli, falls ich Eure Gedanken störe.«

»Aber nein. Enchanté, Mademoiselle.« Erneut hob er den Hut und verneigte sich.

»Darf ich Euch ein Stück begleiten?«

Gehörte sie etwa zu jener Sorte hochrangiger Damen, die bei den Entmannten Abenteuer suchten, die sie nicht bereuen mussten, da diese Bäume keine Früchte trugen? Es war besser, solche Angebote abzulehnen und das Thema Frau gänzlich zu verdrängen. Doch er erspürte eine Gemeinsamkeit, und diese ließ beide im Gleichklang weitergehen. Eine Gemeinsamkeit, die ihn plötzlich nicht mehr zweifeln ließ, dass nur eine ehrbare Absicht sie ihr Tête-à-tête hatte unterbrechen lassen, um sich zu ihm zu gesellen. Sein Verdacht war abwegig.

»Ihr grübelt über das Wort der Kaiserlichen Majestät nach, nicht wahr?«

»Nun ja.« Er wies mit seinem Spazierstock zu einem ausgelassenen Grüppchen auf einer Wiese. Männer und Frauen umringten ein Mädchen, das einen Seidenschal um die Augen trug. Die Demoiselle haschte mit ausgestreckten Händen nach einem Arm oder flatternden Rockschößen, bekam aber niemanden zu fassen. »Es ist ein wenig wie Blinde-Kuh-Spielen, scheint mir. Alle Welt reißt sich um Farinelli. Aber anscheinend ist es nur ein Zeitvertreib, sich mit mir zu beschäftigen. Das jedenfalls sagt Seine Majestät.«

»Ihr legt sehr hohes Gewicht auf sein Urteil.«

»Wie konnte ich so blind sein all die Zeit? Jene, die mir zujubeln, tun das auch bei anderen, die sich darin gefallen, eine Arie zur Farce zu machen.«

»Wie Caffarelli?«

Zögernd nickte er. Namen hatte er nicht nennen wollen, aber der Ruhm des Kollegen war eben auch groß.

»Ich hörte von ihm!« Leise lachte sie. »Er unterhält sich während der Aufführungen mit dem Publikum, heißt es. Kneift Sängerinnen in die Hüfte, damit sie bei ihren Arien patzen. Schnupft

Tabak auf der Bühne und macht allerlei lästerlichen Unfug.«
»Und doch verehrt man ihn als den zweiten Sänger nach mir. Aber die Leute, die diese Spektakel mögen, sind nicht die, die ich erreichen will. Seine Majestät hat das erkannt. Er ist ein musisch bewanderter Mensch. Und alles, was ein von Gottes Gnaden regierender Herrscher sagt, ist reinste Wahrheit.«
»Es stimmt, was man von Euch sagt. Ihr seid nicht nur der größte Sänger von Gottes Gnaden, sondern reinsten Herzens.« Sie blieb stehen und legte den Kopf in den Nacken, um zu ihm aufzuschauen. »Vielleicht ... nein.«
»Mademoiselle?«
»Es steht mir nicht zu, Derartiges zu sagen.«
»Aber Ihr schürt meine Neugier.«
Sie schob sich eine gelöste Strähne hinter das Ohr. »Nun – Ihr sucht in die Herzen der Menschen zu dringen. Aber wisst Ihr denn, wie man liebt?«
Abrupt wandte er sich zum Weitergehen. Nun war das leidige Thema doch auf dem Tisch. Natürlich! Kein Mann konnte dem entfliehen. Und ein Mann war er dennoch.
»Verzeiht meinen Fauxpas.« Hartnäckig blieb sie an seiner Seite, obwohl ihr Atem schwer kam. Er verlangsamte seine Schritte.
»Aber Ihr habt ja Recht, ich bin unwissend«, erwiderte er. »Natürlich war ich hin und wieder verliebt und habe heimlich, von ferne, eine Dame angebetet. Briefe geschrieben und zerrissen.«
Großer Gott, wie brachte dieses Wesen ihn dazu, solche intimen Dinge auszusprechen? Welchen Zauber warf sie da über ihn?
»Aber Liebe – das, was Arbaces und Mandane dazu bringt, einander nie loszulassen, gleich welche Gefahr droht –, das kenne ich nicht.«
Er wollte ein erbittertes *wie auch* anfügen, schaffte es aber, sich nicht noch die Blöße der Unbeherrschtheit zu geben. Es war ihm stets unendlich schwer gefallen, einer Dame Avancen zu ma-

chen, einfach weil er wusste, dass dies bestenfalls in einer Eskapade enden konnte. Niemals eine Frau gewinnen zu können, war der Preis dafür, zu singen wie ein Engel. Da eine Ehe kinderlos bleiben musste, verbot die Kirche sie den Entmannten. Wohl gab es Sondergenehmigungen, aber seines Wissens erntete ein Kastrat, ging er das Wagnis ein, den Papst darum zu bitten, nur Spott.

Sie schwiegen, während sie weiter gingen, denn das Rätsel des Kaisers war gelöst. Es war kein unangenehmes Schweigen. Sie bat ihn noch, den Gesang der Nachtigall nachzuahmen, was er gerne tat; dann legte sie zierlich die Fingerspitzen an den Mund und hustete. »Ich glaube, ich habe für heute genug frische Luft. Es ist ja noch furchtbar kalt.«

Er pflichtete ihr bei. Ungern jedoch, denn er hätte Stunden, ja, Tage an ihrer Seite verbringen mögen. War das wieder diese nutzlose Verliebtheit? Fast wünschte er sich, ihr Cavaliere tauche vor ihm auf, um seinen Anspruch auf sie deutlich geltend zu machen. Es würde zumindest helfen, die auflodernde Flamme im Keim zu ersticken.

Verliebt zu sein war eine Wunde, welche die Zeit bald heilte. Doch *diese* Wunde schloss sich nicht. Carlo sah die Tänzerin nicht mehr, suchte sie auch nicht, aber dachte ständig an sie. Er sang allabendlich – in der Hofburg, in den Theatern Wiens. Und als das Wetter sich besserte, machte er sich auf nach Bologna, wo er eine Villa unterhielt. Hier wollte er irgendwann alt werden, und da er dies allein tun musste, hatte er vielerlei Tand angehäuft. Ganz wie ich meine Stimme mit nutzlosem Tand fülle, dachte er, während er in seiner Reisekutsche über entsetzliche Straßen holperte, hin und auch bald wieder zurück. Der musikalische Hof zu Wien war eine Wohltat für sein Gemüt. Der Burggarten blühte in üppiger Pracht. Er schlenderte über die Kieswege, und zum ersten Mal seit jenem Tag gelangte er wieder an den Pavillon. Die hölzernen Sitzbänke im Innern waren noch recht kühl, die Luft aber warm. Er ließ den Duft des Frühlings tief in seinen Brustkorb dringen. Die Stimme der Nachtigall kam ihm ungewollt über die Lippen.

»Die Vögel nachzuahmen, hast du schon früh gekonnt.«

Nicola Porpora betrat den Pavillon und ließ sich neben ihm nieder, die Hände auf dem Knauf des Spazierstocks gekreuzt.

»Und du tust das nur, wenn dein Gemüt schwer ist. Was plagt dich?«

»Die Tänzerin, die mich begleitete, als ich vor der Kaiserlichen Familie den Arbaces gab …« Carlo geriet ins Stocken. »Ist sie – ist sie noch hier?«

»Mein lieber Junge, wenn du so errötest, hat es dich anscheinend erwischt.« Porpora holte seine Schnupftabaksdose aus der Tasche seines Justaucorps. »Ich erinnere mich an sie. Ja, sie ist noch hier. Aber es geht mit ihr zu Ende.«

»Zu Ende?« Carlo ergriff seinen Arm. »Was heißt das?«

»Sie leidet an Schwindsucht. Hast du das nicht gewusst?«

»Ich weiß überhaupt nichts über sie!«

Er sprang auf und hastete zurück zur Burg. Ein Kammerdiener half ihm, ihr Zimmer zu finden. Auf sein Klopfen öffnete eine Magd. Erschrocken hauchte sie seinen Namen, errötete und ließ ihn ein. Ein Hofarzt war zugegen, eine weitere Zimmerfrau, doch Carlo sah nur sie, die Ballerina, in einem schlichten Kleid auf einem Kanapee. Sie schlief. Mit einem Nicken grüßte er den Arzt, dann setzte er sich an das Spinett in der Zimmerecke. Er spielte und sang seine Lieblingsarie aus *Artaxerxes*, und als er endete und den Kopf hob, war er mit ihr allein.

»Ihr könnt es ja, Signor Farinelli.« Sie lächelte matt. »Singen und das Herz erreichen. Wie habt Ihr das gemacht?«

»Wie … was gemacht?« Er kam sich vor wie ein dummer Junge.

»Ich habe nur gesungen.«
»Bitte setzt Euch zu mir.« Ihre Hand wies auf einen Hocker; er schob ihn ihr näher und ließ sich darauf nieder, was ihr ein Lächeln entrang. »Ihr seid ja viel zu groß für dieses zierliche Möbel.« Ihr Kichern ging in Husten über – so viel heftiger und quälender als das Hüsteln, das er damals für den Beginn einer Erkältung gehalten hatte.
»Wie konntet Ihr an jenem Abend so wunderbar und kraftraubend tanzen?«
»Könnt Ihr Euch das nicht denken? Euer Gesang beflügelte mich.«
»Obwohl er nicht zu Herzen ging, weil er bisher nur erotisches Abenteuer war?«
Ihr Lächeln wirkte entrückt, als kehre ihre Seele an den Abend im Winter zurück. Seltsam, es war erneut so leicht, gemeinsam mit ihr zu schweigen. Ihr stumpfes, schwer anliegendes Haar sah nicht aus, als könne der Wind es noch einmal tanzen lassen. Ihre Haut war noch durchscheinender geworden, als risse sie bei der leistesten Berührung. *Schmetterling.* Blasse Lippen, zittrige Hände, die ein Batisttüchlein an den hustenden Mund führten. Ein Kraftakt. Matt sank ihr Arm zurück auf die Decke.
Ihre Augen waren die alten. Geradezu feurig im Verfall ringsum. Wie hatte er sich nur bedauern können? Er hatte es doch gut getroffen – keineswegs unter Zwang hatte er damals diesen Weg eingeschlagen, wie so viele andere Knaben, die erst begriffen, was mit ihnen geschah, wenn unbeschreibliche Qual durch ihren Unterleib jagte. Und die dann doch keine wohlfeile Stimme ausbildeten und in Armut und Schande dahinvegetierten. Und doch – diese Frau an den Tod herzugeben, wenngleich er sie nie besessen hatte, war der schärfste Schnitt. Das war die Lösung des kaiserlichen Rätsels, erkannte er nun. Nicht allein Liebe brachte das Leben in den Gesang und trieb ihn ins Innerste der Zuhörer. Auch

der Schmerz. Vor allem der Schmerz.
»Bitte singt noch einmal. Hier ganz dicht bei mir.«
Er kaute an den Tränen. »Ich werde jetzt grässlich klingen.«
»Nicht Ihr, niemals.« Auffordernd berührte sie seinen Handrücken. »Denn es gibt einen Gott, und es gibt einen Farinelli.«

Die Autoren

Anna Bachmaier

wurde am 16.August 1949 auf einem Bauernhof in der Nähe von Rosenheim geboren, heute lebt sie in Aschau. Nach der Heirat betrieb sie mit ihrem Mann eine Spedition. 1983 wanderte sie mit ihrer Familie nach Kanada aus. Dort gründeten sie eine bayrische Bäckerei, um sehr erfolgreich gesundes Brot zu produzieren. Aber schon 1992 zog es die Familie wieder in die Heimat zurück und sie eröffnete in Ruhpolding auf selbstständiger Basis einen Gasthof mit Gästezimmern. Seit der Schulzeit liebt sie Bücher und betrachtet lesen und schreiben als wichtigste Freizeitbeschäftigung. Es ist mehr als ein Hobby. Sie belegte Kurse für »Kreatives Schreiben« bei Dr. Brigitta Kubitschek in der »Akademie am See« in Prien. Sie ist im sechzigsten Lebensjahr und hat das Gefühl, dass das Leben erst beginnt.

Rita Hausen

wurde 1952 in Dernbach/ Westerwald geboren, sie studierte Germanistik und katholische Theologie in Bonn, von 1981 bis 2008 war sie Lehrerin am Gymnasium in Walldorf bei Heidelberg.
Neben zahlreichen Veröffentlichungen in Zeitungen, Zeitschriften und Anthologien hat sie folgende Bücher veröffentlicht:
Der tanzende Narr (1984), Mondfarbene Tränen (1995), Labyrinth (2006), Mozarts Zeitreisen (2006), Trazom (2009). Sie ist Mitglied in mehreren literarischen Vereinen: bei Räuber77, Mörderische Schwestern, Syndikat, QuoVadis, im Jahre 2009 erreichte sie den 3. Platz beim Putlitzer Preis der 42er-Autoren.

Olaf Kappelt

ist Herausgeber dieser kleinen Rokoko-Anthologie. Er lebt vom Lesen, Schreiben und Erzählen. Seit Jahren arbeitet er erfolgreich

als freiberuflicher Künstler und Historiendarsteller in Berlin. Mit szenischen Lesungen und unterhaltsamen Stadtführungen begeistert er sein Publikum. Er ist Gründungsmitglied von QUO VADIS, dem Autorenkreis für den historischen Roman. Seit Jahren gehört er dem Verband der Schriftsteller (VS) an. Geboren wurde er 1953 südöstlich von Berlin, aufgewachsen ist er im östlichen Westfalen. Seine wissenschaftliche Ausbildung mit Promotion zum Doktor der Philosophie erfolgte in Würzburg, zuvor war er als Diplom-Sozialarbeiter tätig. Erreichbar ist der Autor unter:
www.koenig-friedrich.de

Isabell Pfeiffer
ist Ärztin und lebt mit Mann und drei Kindern in der Nähe von Tübingen. Sie hat mehrere historische Romane veröffentlicht, zuletzt »Die Puppennäherin« (Wunderlich 2009) und »Das Sündentuch« (Rowohlt 2010). In ihren Büchern beschäftigt sie sich mit Vorliebe mit dem Alltagsleben im späten Mittelalter und der frühen Neuzeit: Zeiten des Umbruchs und der Krise, in denen die Weltordnung ins Wanken gerät und alte Gewissheiten versagen, in denen Menschen sich bewähren müssen und an ihre Grenzen geführt werden – und darüber hinaus.

Nicole Rensmann
geboren 1970, lebt mir ihrem Mann, zwei Kindern, acht Katzen und zwei Hunden im Bergischen Land. Sie arbeitet seit 2000 als Schriftstellerin und Journalistin und weist zahlreiche belletristische Publikationen für Kinder und Erwachsene, wie auch journalistische Beiträge unterschiedlichster Themen vor. Ihr Roman »Anam Cara – Seelenfreund« wurde mehrfach nominiert.
Im Internet ist die Autorin unter www.nicole-rensmann.de zu finden.

Tanja Schurkus

wurde 1970 in Köln geboren und machte eine Ausbildung zur Buchhändlerin. Es folgte ein Studium der Literaturwissenschaften (Amerikanistik/ Germanistik), Creative Writing Kurs unter amerik. Leitung an der Universität Bonn. Bis 2004 wirkte sie als Lektorin im Bundesverband junger Autorinnen und Autoren und anschließend betätigte sie sich als Werbetexterin im IT-Bereich. Vorzuweisen hat sie diverse Veröffentlichungen in Literaturmagazinen und Anthologien. Zu ihren Themenschwerpunkten gehören die Epoche der Aufklärung und das napoleonische Zeitalter. Sie ist Mitglied bei QUO VADIS, dem Autorenkreis für den deutschsprachigen historischen Roman, sowie Mitglied der Literaturgruppe »Lauschtour« in Köln und Mitglied im Autorenforum Montsegur. Erreichbar ist sie über die Web-Seite: www.tausendseiten.de

Sabine Wassermann

ist 1965 in Simmern im Hunsrück geboren, studierte Malerei an der Städelschule in Frankfurt, lebt als Malerin und Autorin in Bad Kreuznach, wo sie 2001 mit dem Förderpreis für Kunst und Kultur der Stadt ausgezeichnet wurde. Bisher erschienen unter anderem die historischen Romane »Goldhorus«, »Der Zorn des Seth«, »Herrin Zweier Länder«, »Die Teufelsmalerin«, »Das Zeichen des Ketzers« und die Fantasyromane »Das gläserne Tor« und »Die eiserne Welt«.